CB077155

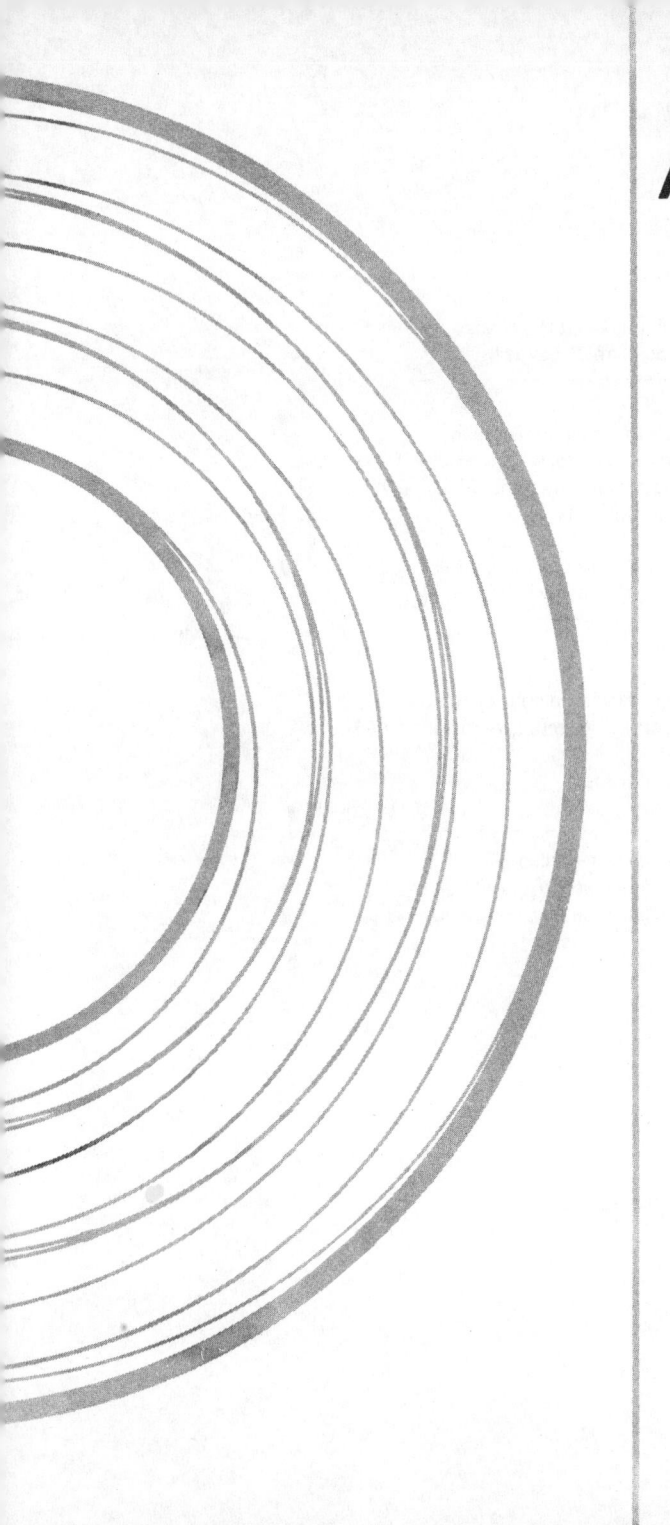

PARA COMPREENDER AS MÚSICAS DE HOJE

HENRY BARRAUD

PERSPECTIVA

Título do original francês
Pour comprendre les musiques d'aujourd'hui

© Éditions du Seuil, 1968

Dados Internacionais de Catalogação na Publicação (CIP)
(Câmara Brasileira do Livro, SP, Brasil)

Barraud, Henry, 1900-1997.
Para compreender as músicas de hoje / Henry Barraud ; [tradução J.J. de Moraes e Maria Lúcia Machado]. — São Paulo : Perspectiva, 2012. — (Signos : música ; 1 / dirigida por Livio Tragtenberg, Gilberto Mendes, Augusto de Campos, Lauro Machado Coelho)

Título original: Pour comprendre les musiques d'aujourd'hui.
2ª reimpr. da 3. ed. de 1997.
Bibliografia.
ISBN 978-85-273-0105-3

1. Música - Apreciação 2. Música - História e crítica - Século 20 I. Tragtenberg, Lívio. II. Mendes, Gilberto. III. Campos, Augusto de. IV. Título. V. Série.

05-5167   CDD-780.904

Índices para catálogo sistemático:
1. Música : Século 2O : História e crítica   780.904
2. Século 20 : Música : História e crítica   780.904

3ª edição – 2ª reimpressão

Direitos reservados para a língua portuguesa à
EDITORA PERSPECTIVA S.A.

Av. Brig. Luís Antônio, 3025
01401-000 – São Paulo – SP – Brasil
Telefax: (011) 3885-8388
www.editoraperspectiva.com.br

2012

Para Compreender as Músicas de Hoje

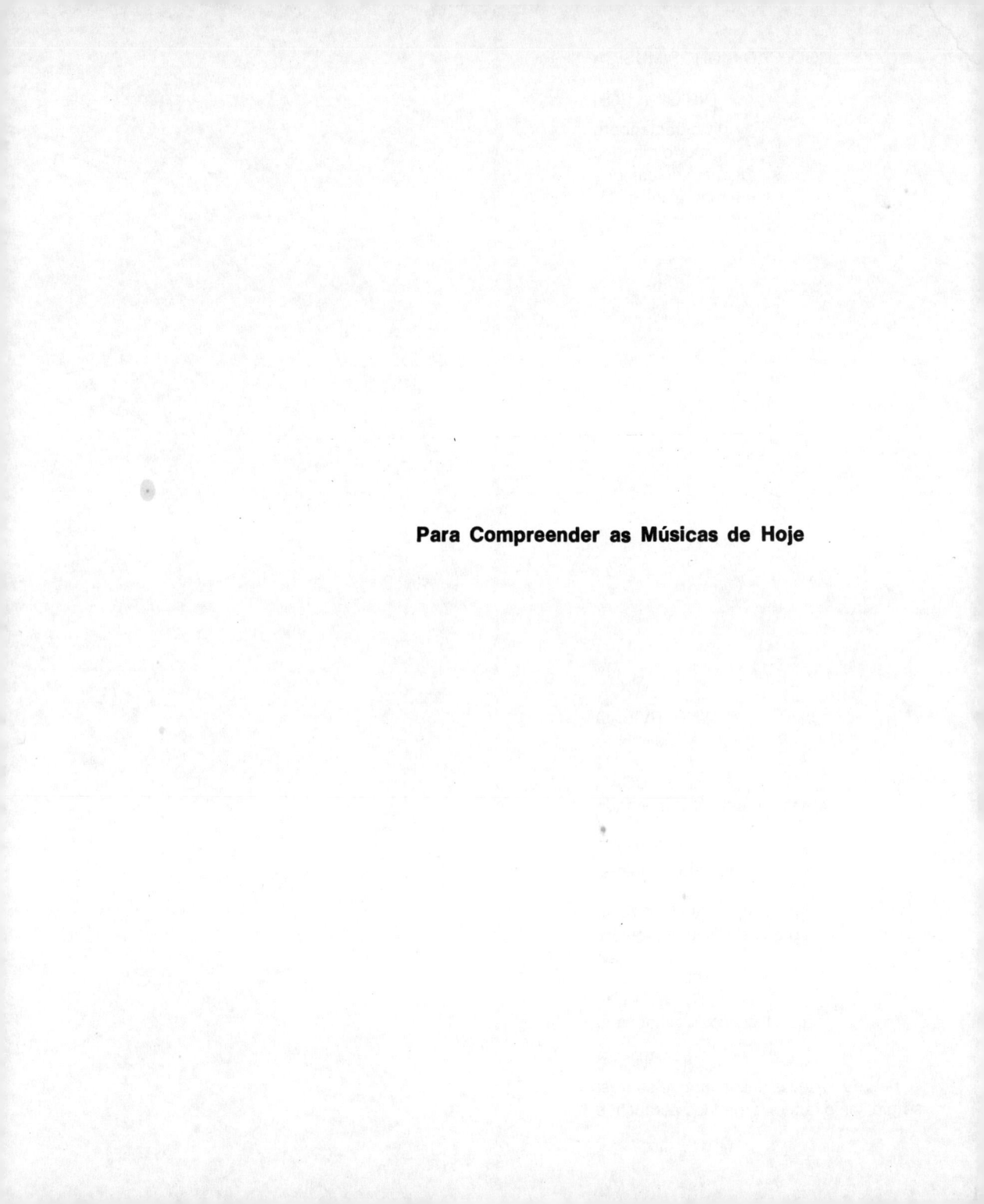

COLEÇÃO SIGNOS/MÚSICA

DIRIGIDA POR
livio tragtenberg
gilberto mendes
augusto de campos
lauro machado coelho

SUPERVISÃO
j. guinsburg

TRADUÇÃO
j. j. de moraes e maria lúcia machado

REVISÃO
vera campos toledo

REVISÃO MUSICAL
anita cohn e ricardo guinsburg yuri cerqueira dos anjos

PROJETO GRÁFICO
lúcio gomes machado

PRODUÇÃO
ricardo w. neves, luiz henrique soares,
sergio kon e raquel fernandes abranches

Sumário

	Declaração inicial	9
1.	Das bases necessárias para uma cultura musical autêntica	11
2.	A linguagem polifônica do Ocidente. Suas escalas. Descrição sumária do sistema tonal	15
3.	Continuação da descrição do sistema tonal. Primeiras observações sobre as causas de sua desagregação. A modulação contínua de Wagner	31
4.	Continuação do exame dos princípios desagregadores que minaram pouco a pouco as posições do sistema tonal. Claude Debussy	43
5.	Stravinsky músico tonal	49
6.	A politonalidade	61
7.	Bartok, o cromatismo expressivo	65
8.	O sistema modal e as pesquisas rítmicas de Olivier Messiaen	71
9.	Arnold Schoenberg antes e depois da formulação do sistema dodecafônico	79
10.	Alban Berg	97
11.	Anton Webern	103
12.	Diversos aspectos da pesquisa contemporânea estranha aos princípios da Escola de Viena. Prokofiev. Varèse. Jolivet	109
13.	Música serial	121
14.	Música chamada estocástica. Intervenção do computador eletrônico	135
15.	A escola polonesa	143
16.	Música concreta. Música eletrônica	149
17.	De que será feito o amanhã?	157
	Discografia	163

Declaração inicial

Antes de deixar o leitor aventurar-se nos desenvolvimentos que se seguirão, creio indispensável delimitar precisamente o que ele encontrará e o que não encontrará aqui.

Não encontrará nenhum apanhado histórico.

Não encontrará nenhum juízo de valor.

Não encontrará listas de laureados.

Se eu pudesse ter escrito este livro sem dar acolhida a nenhum nome próprio, não teria deixado de fazê-lo. Teria assim descartado deliberadamente todas as contestações e todos os mal-entendidos.

O fato de ter citado este ou aquele compositor e de não haver citado outros tantos que o consenso universal classifica entre os maiores, não deixará de levantar objeções, talvez mesmo indignações. De antemão respondo que os compositores do século XX não fazem parte do meu tema. Aqui ocupo-me apenas da linguagem musical..., ou melhor, das diferentes linguagens através das quais a música do século XX tentou se comunicar com os homens do século XX.

Com efeito, a música é uma linguagem e, como essa linguagem é feita de sons e não de palavras, acredita-se de bom grado que todo mundo deve compreendê-la obrigatoriamente, o que há muito tempo deixou de ser verdade. Grande parte da música que se cria em nossos dias fala uma linguagem que não tem mais nada em comum com a falada no domingo à tarde aos freqüentadores dos Concertos Colonne *.

Uma parte dos compositores atualmente em plena produção fala uma linguagem diferente da de outros compositores igualmente em plena atividade. Como não se confundir com isso?

Este livro é uma tentativa de responder a essa questão. Tenta algo que talvez seja um desafio: o de introduzir às diversas músicas de nosso tempo um leitor que se supõe totalmente ignorante do mais elementar dado técnico... um solo rigorosamente virgem.

---

* Concertos semelhantes aos que existem na maioria dos teatros brasileiros, onde são ouvidas, anualmente, sempre as mesmas peças do chamado "repertório": *Concerto n.º 1 para piano e orquestra* de Tchaikóvski, *Quinta Sinfonia* de Beethoven, *Sinfonia Inacabada* de Schubert etc. (N. do T.)

Ele não pretende — muito ao contrário — que a música possa ser penetrada em profundidade na ausência de qualquer conhecimento de seus meios de expressão. Mas afirma que esses meios de expressão podem ser colocados à disposição de todos nos termos mais simples, mais cotidianos, menos rebarbativos.

Sendo este o propósito do autor, pode-se imaginar que ele tenha podido ter outra coisa em mente que não a preocupação de montar um catálogo de compositores contemporâneos e de ajustar seus elogios aos méritos de cada um. Os maiores criadores em Arte não são forçosamente os maiores inovadores. Mas quando uma linguagem chega ao estado de crise em que se encontrou a música em nosso século, se se quer estudar e fazer compreender ao público as diversas mutações daí resultantes, é aos inovadores que as propuseram que se deve recorrer, mais do que aos criadores puros que permaneceram acima da massa.

Tal é a posição que preciso tomar de início. Em conseqüência, que se abstenha de fazer a lista dos nomes citados ao longo destas páginas e dos que não figuram nelas. Essas presenças e essas ausências não têm, em si mesmas, significação alguma. Tentei evitar sistematicamente os nomes próprios. Não pude evitar todos. Nessa ordem de idéias, esta é a única censura que seria lícito fazer-me.

CAPÍTULO 1.

Das bases necessárias para uma cultura musical autêntica.

A vida e o movimento se confundem. Na Arte, mais que em qualquer outra parte. Na Música, mais que em qualquer outra Arte. Não há um momento, na História da Música, que não se situe numa trajetória cuja origem não remonte ao mais distante passado e cujo fim não se perca num futuro incerto.

Assim, toda obra comporta um plano de fundo e uma abertura para diante que não poderiam ser ignorados por quem quer compreendê-la, sem que ela fosse esvaziada, por isso mesmo, de uma parte da realidade dinâmica de que é feita. É esta realidade que condena a atitude negativa de tantos melômanos sinceros com relação à música do seu tempo.

Por mais insólita que possa parecer, uma obra de arte jamais sai do nada. É um elo de uma cadeia; e só se consegue atingi-la se forem seguidos todos os elos que levam até ela. Digo todos os elos e não, de forma alguma, apenas os que a precedem imediatamente. Num plano imediato, uma música pode nascer de uma reação a uma outra música instalada no poder e dar, assim, a aparência de uma ruptura da cadeia. Isso é apenas aparência.

É raro um reformador não se apoiar, de início, sobre o que quer reformar; mas pode acontecer também que, remontando ao passado, encontre nele uma tradição perdida, usando-a para criar uma nova.

Ser um homem de verdadeira cultura é tomar consciência dessa continuidade secular que impede, com relação às mais audaciosas pesquisas da arte contemporânea, não absolutamente uma atitude crítica razoável (pois os criadores podem errar, são apenas homens), mas uma recusa sistemática e limitada.

a linguagem musical

Todavia, é preciso reconhecer que, no caso da Música, essa visão completa e objetiva das coisas talvez seja mais difícil do que para qualquer outra Arte, porque a Música evolui não apenas nas suas formas, na sua técnica, no seu estilo e nos seus modos de expressão, mas também na sua linguagem. Neste campo da linguagem, é mais o caso de uma criação contínua do que de uma evolução. A linguagem musical não é um dado da natureza, ao menos como se nos apresenta no Ocidente há quase uma dezena de séculos.

Que a natureza nos indique alguns de seus elementos, como o ritmo, a melodia, certas escalas de sons e os jogos de cores provenientes da variedade de timbres, é evidente. E é por isso que não há civilização, por mais primitiva que seja, em que o canto, a dança e os instrumentos musicais não estejam intimamente ligados a todos os atos da vida social.

Mas o fato de duzentos músicos e cantores se reunirem numa sala de concerto, cada um dos numerosos grupos que compõem esse conjunto tocando ou cantando por sua própria conta uma música totalmente diferente da dos grupos vizinhos, e isso resultar finalmente na *Nona Sinfonia* de Beethoven, é um fenômeno que talvez estivesse inscrito por toda a eternidade nos destinos do mundo em que vivemos, mas não em suas leis naturais *.

Sua origem, aliás, é bem recente. Mal remonta a uma dezena de séculos. E a grande aventura em que se engajou a Música encontrou-se estritamente limitada ao nosso mundo ocidental, ao menos até o século XX, onde a vemos invadir, qual um incêndio, toda a superfície do planeta.

Então, se se quer penetrar em profundidade, não apenas no que se passa na Música no momento atual, mas também no que se passou desde o século XII até nossos dias, é preciso ver que tudo isso é somente um imenso movimento para frente cujas etapas determinam-se, explicam-se e justificam-se umas às outras. Um movimento em cuja origem se formou, no decorrer de uns cinco séculos, uma linguagem musical de uma coerência e de uma riqueza fabulosas, caracterizada logo de início pela audição simultânea de várias linhas melódicas independentes e depois, graças aos encontros dessas linhas entre si, pela descoberta das agregações privilegiadas de sons, que em seguida se agruparam em acordes facilmente identificáveis e progressivamente hierarquizados entre si.

aparecimento do sistema tonal   Por volta da metade do século XVI, o estudo desses acordes hierarquizados, de seus encadeamentos e das leis acústicas que regem suas relações recíprocas levou à constituição de um sistema rigorosamente lógico: o sistema tonal.

Mas esse imenso movimento de que falávamos ainda agora nem por isso parou. De época em época, de criador a criador, nós o vemos desenvolver-se continuamente, enriquecer-se de combinações novas e de harmonias cada vez mais complexas.

---

* Quando forem de uso corrente, os nomes das obras aparecerão em português; caso contrário, aparecerão no original e, quando possível, acompanhados de tradução. (N. do T.)

Além de um certo grau de complexidade, pode-se constatar que o verme já está no fruto... que o sistema tonal traz na própria lei de seu desenvolvimento o princípio da sua futura desagregação.

Quase não são necessários ma s que três séculos para que isso nos leve, na aurora do século XX, a uma espécie de atestado de óbito. Atestado de óbito de modo algum formulado claramente — a não ser por alguns — mas que se manifesta por suas conseqüências, isto é, pela multiplicação de diversas tentativas, algumas vezes divergentes, seja para ressuscitá-lo sob formas mais amplas, seja para dissociá-lo, seja mais radicalmente para substituí-lo por um sistema novo capaz de rendê-lo, opondo-lhe um princípio organizador tão poderoso quanto o seu.

Não há verdade absoluta em Arte. Certas direções tomadas pelos músicos podem levar a um impasse, outras podem dar origem a estéticas aparentemente opostas mas igualmente válidas. Todo novo passo procura abrir caminho, arriscando-se a mudar sua direção (a corrigir sua trajetória, como dizem os astronautas) se esse caminho não desembocar em nada que valha a pena. Cada criador progride penosamente às custas de um tatear obstinado, mas se nem sempre sabe claramente onde vai, sabe perfeitamente de onde vem. E é isso que lhe permite arriscar-se numa busca aventurosa, cujo perigo menor não será sua eventual solidão.

Mas esta solidão, o público esclarecido não tem o direito de considerá-la como um caso que não lhe diz respeito. É claro que ele não tem que assumir os mesmos riscos, mas deve aceitar que sejam assum dos em seu lugar. Aceitar isso é estar disponível, é não opor hostilidade ou mesmo simples indiferença às tentativas incertas em que homens empenham sua fé, mas se preparar para compreendê-las, ainda que para finalmente rejeitá-las.

Para se preparar eficazmente para compreendê-los é preciso admitir logo de início que uma linguagem nova não é um mistério indec frável e, conseqüentemente, que vale a pena procurar-lhe a chave, ainda que se tenha de fazer um esforço a fim de vencer os obstáculos de ordem técnica que impedem a aproximação.

a iniciação necessária aos rudimentos técnicos

E é aqui que deparamos com o obstáculo. A palavra Arte se diz em grego *Tekhné,* raiz da palavra francesa *Technique* (Técnica). O público crê de bom grado que a técnica é um negócio puramente de profissionais. De fato, Arte e técnica estão organicamente confundidas na obra, são uma para a outra um al mento mútuo e essencial. É sempre possível deixar-se invadir por uma determinada obra sem querer analisar o estado em que ela nos mergulha. Mas este estado dependerá sempre de uma combinação entre a emoção do artista criador e os meios técnicos pelos quais ele consegue comunicá-la. Há então em nós alguma coisa que está aberta, sem que nos apercebamos, a esses meios técnicos, e ter consciência disso é ir mais longe na realidade profunda da obra.

Que uma revolução de ordem técnica intervenha na **Música** significa que o seu criador, para expressar o que tinha a dizer, não encontrou nas técnicas herdadas de seus predecessores um instrumento adequado, imaginando uma outra que se pode tornar, conforme o caso, o traço de união entre ele e o ouvinte de boa vontade, ou o obstáculo com o qual deparará o ouvinte recalcitrante.

não há obstáculos sérios a esta iniciação

Existe portanto um mínimo de iniciação à técnica de uma Arte, na ausência do qual não há possibilidade, para um amador, de atingir uma cultura autêntica. Mas não é preciso fazer disso um fantasma. Estou certo de que tudo o que é necessário conhecer sobre aquilo de que é feita a música pode ser explicado a qualquer um, sem que em nenhum momento seja preciso pronunciar ou escrever o menor termo que não pertença ao vocabulário de todos.

Tenho certeza de que, através de uma iniciação assim compreendida, é possível explicar de maneira concreta, a todo ouvinte de boa vontade, o que aconteceu na Música nos sessenta e sete anos já decorridos deste século XX, e o que continua a acontecer hoje sob nossos olhos.

Meu propósito é, portanto, analisar as razões do estado de crise do sistema tonal que orientou toda a música atual para caminhos diversos. O que de início me obrigará a fazer compreender, segundo o método que acabo de esboçar, o que era exatamente esse famoso sistema tonal de que tanto se fala, mas sobre o qual freqüentemente constatei que a maior parte dos melômanos não sabe, no fundo, quase nada.

Uma vez que tenhamos uma visão bem clara desse mundo sonoro de onde saiu a música clássica *, estaremos mais aptos a apreender o processo de sua desintegração, e, por esse meio, o da criação musical contemporânea. Estaremos prontos, com efeito, a apreender os problemas que se apresentaram aos artistas diante desse fenômeno, quando este lhes foi revelado em toda a sua amplitude e a analisar soluções por eles propostas, soluções essas que incidiram obrigatoriamente, de maneira direta e mais ou menos profunda, sobre a própria linguagem da Música.

---

* Para o autor, a expressão "música clássica" refere-se aos vários períodos da História da Música compreendidos entre o final do século XVI e o final do século XIX, quando o sistema tonal foi criado, desenvolvido e, finalmente, esgotado em termos criativos. (N. do T.)

CAPÍTULO 2.

A linguagem polifônica do Ocidente.
Suas escalas.
Descrição sumária do sistema tonal.

A música é feita de sons. Já de início uma afirmação completamente gratuita e exageradamente restritiva. Seria mais correto dizer que a música é feita de ruídos — ruídos organizados, já que todo som é ruído, mas nem todo ruído é, necessariamente, um som. Ora, há música desde que o ruído se organize no tempo e no espaço pela distribuição de suas durações e de suas alturas. É isto que justifica tanto o tantã negro como as pesquisas da música "concreta".

Mas dito isso, por desejo de exatidão, podemos voltar à nossa afirmação inicial, pois, a quase unanimidade das pessoas vê no som o elemento primeiro, essencial, da Música. Que seja o som, então! Mas que sons? É aqui que o arbitrário começa. Faz-se música no mundo inteiro, desde os pássaros até os homens, brancos, amarelos ou negros, mas não com os mesmos sons.

matéria-prima da música

Para nós, no Ocidente, cantamos comumente *dó, ré, mi, fá, sol, lá, si, dó*. Mas o que nos autoriza a fazer isso? Tentemos responder a esta questão.

Há, em todo caso, um dado da experiência que o ouvido menos exercitado percebe claramente: tomando um som qualquer como ponto de partida e subindo na escala, vê-se a intervalos aparentemente regulares este som se reproduzir, idêntico a si mesmo, ainda que cada vez mais agudo. Não há dúvida. É ele realmente, todo mundo o reconhece.

O intervalo entre um som inicial e a sua reprodução mais próxima, em direção tanto para o agudo como para o grave, chama-se uma oitava. É fácil deduzir deste fenômeno evidente que todos os sons com os quais será possível fazer música deverão estar no interior dessa oitava, ficando bem claro que cada um deles se reproduzirá por sua vez de oitava em oitava, em direção ao agudo ou ao grave.

Assim, sendo a oitava dada pela natureza, trata-se de saber quais sons, e em que quantidade, iremos abrigar em seus limites. A este problema os hindus dão respostas que não são as nossas, as quais não são as dos chineses nem dos polinésios, e assim por diante.

A música clássica responde com as sete notas da gama chamada maior: *dó, ré, mi, fá, sol, lá, si*, às quais é preciso acrescentar cinco outras que explicaremos posteriormente. Doze ao todo, portanto.

Fazendo isso, a música clássica apóia-se nas experiências feitas outrora por Pitágoras com uma corda esticada e vibrante que ele dividia, segundo princípios aritméticos rigorosos, pela metade, por um terço, por um quarto, etc. Tendo havido, assim, uma justificação científica para a escala de sons de que fez seu alfabeto, eis de onde a música clássica tirou o seu orgulho e o princípio de seu extraordinário desenvolvimento.

As notas fornecidas pelas experiências de Pitágoras parecem, por outro lado, encontrar sua verificação no fenômeno da ressonância, uma vez que são reencontradas na sucessão dos harmônicos naturais que inundam com seu halo, de forma mais ou menos distinta ao ouvido, um som fundamental em que elas determinam o timbre por seu número e sua riqueza *.

Na realidade, as coisas não são tão simples e a música clássica trapaceou um pouco, para sua comodidade pessoal, com esses dados naturais. O mundo inteiro conhece os célebres cadernos de Johann Sebastian Bach intitulados *O Cravo Bem Temperado* (1) 1. O que significam estas palavras: bem temperado? Significam que nessa época, nesse ponto da evolução da linguagem musical, na forma em que ela se fixou sobre o sistema tonal, a fim de permitir que esse sistema fosse ao extremo de suas possibilidades, dividiu-se arbitrariamente a oitava em doze segmentos rigorosamente iguais e obteve-se, assim, a gama chamada "temperada", cujos sons correspondem apenas de maneira aproximada aos que derivam das experiências de Pitágoras ou das observações feitas sobre a ressonância.

cromatismo e diatonismo

Há séculos, pois, fazemos música no Ocidente com uma gama de doze notas, todas situadas no interior do intervalo chamado oitava, e que dividem, assim, a oitava em doze intervalos iguais. Estes intervalos chamam-se semitons.

Mas o sistema tonal, em que a música clássica viveu durante mais de três séculos, não trata todos esses sons e todos esses intervalos da mesma maneira. Deles retém sete e constrói com eles a gama chamada de *dó maior: dó, ré, mi, fá, sol, lá, si.*

---

* A maior parte dos sons produzidos pelos instrumentos tradicionais ou pela voz é composta de um *som fundamental* mais ou menos intenso e por alguns sons harmônicos mais agudos e menos intensos, os chamados *sons parciais*, que acabam por caracterizar o timbre, a "cor", desse som principal. Ao ser ouvido um *dó*, por exemplo, ele vem acompanhado de uma série bastante grande de sons subjacentes, dos quais o *sol* e o *mi* são os primeiros (portanto mais fortes) a aparecer nessa sucessão em direção ao agudo. (N. do T.)

1. Os números entre parênteses remetem à discografia, no fim do volume.

Já que estes sete sons foram destacados dos doze sons que preenchiam exatamente a oitava com intervalos iguais, é evidente que eles não podem ter entre si intervalos iguais, na medida em que o número sete não é um submúltiplo de doze. Os intervalos entre estes sete sons têm dois aspectos diferentes: os menores são semitons (acabamos de defini-los); os maiores são tons, feitos, como já se desconfia, da soma de dois semitons.

A gama tonal de sete sons comporta, assim, no interior da oitava, cinco intervalos de um tom e dois intervalos de um semitom. A sucessão dos doze sons de que falamos acima (os que têm entre si intervalos todos iguais de um semitom) chama-se gama "cromática". A sucessão dos sete sons com intervalos desiguais da gama tonal chama-se gama "diatônica".

O sistema tonal é diatônico em sua própria essência. Ele perecerá no século XX por ter-se deixado invadir pelo cromatismo.

Para traduzir concretamente estas primeiras noções elementares, consideremos a velha canção de Fabre d'Églantine, *Il pleut bergère* (Chove, pastora):

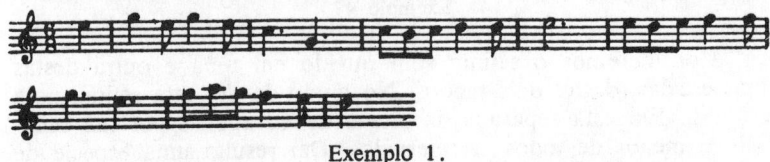

Exemplo 1.

É uma melodia rigorosamente tonal, onde figuram os sete sons da gama diatônica. Os sete sons e mais nenhum.

Agora, um fragmento da *Morte de Isolda* de Wagner onde, numa duração menor, encontramos doze sons diferentes. Doze sons e nenhum a menos. Os doze sons da gama cromática.

Exemplo 2.

Voltemos agora à gama diatônica. Disse que ela continha cinco tons e dois semitons. Mas no interior de um intervalo de oitava há várias maneiras possíveis de distribuir cinco tons e dois semitons. E, segundo a ordem de sucessão na qual os colocamos, obtemos escalas de sons de caráter variado que oferecem à música recursos extremamente diferentes.

Estas escalas diferentes chamam-se modos.

os modos

A ordem de sucessão que deu origem à música clássica é a que vai de *dó* a *dó*. É o modo de *dó* ou de *ut*.

Exemplo 3.

Se, partindo da nota *ré*, subo na gama que acabo de chamar "diatônica" até a oitava, ouço os mesmos sons que no modo de *dó*, mas a distribuição dos intervalos que os separam não é mais a mesma. Este é o modo de *ré*.

Exemplo 4.

Consideremos o sétimo som ouvido em uma e outra destas duas escalas, destes dois modos. No modo de *dó,* esta sétima nota é um *si*. Ela está separada da oitava de *dó* apenas por um semitom, o menor de todos os intervalos. Daí resulta uma espécie de atração que o *dó* agudo exerce sobre ela. De modo que toda a gama parece estirada para o alto, tendo um movimento naturalmente ascendente.

No modo de *ré,* a sétima nota está a um tom da oitava da primeira. Este intervalo de um tom é simétrico ao que encontramos na parte inferior da escala, entre o primeiro e o segundo grau. O resto dos sons desse modo ordena-se segundo uma mesma simetria, de maneira que o modo de *ré* é rigorosamente plano, horizontal. Não há tensão nem para o agudo, nem para o grave. Por isso ele se adaptou particularmente à música religiosa. É um modo importante do cantochão medieval. Tomemos, por exemplo, a melodia do *Dies irae,* que é no modo de *ré*.

Exemplo 5.

Se o *Dies irae* fosse cantado no modo de *dó*, daria a **melodia** abaixo, que não tem mais nenhum caráter:

Exemplo 6.

Eu poderia continuar esta demonstração analisando outras distribuições de tons e semitons no interior da oitava, isto é, outros modos. Constataríamos a que ponto cada um tem seu caráter nitidamente distinto dos outros. Veríamos alguns cuja tendência ascensional é ainda mais acentuada do que no modo de *dó*. Como o modo de *fá*:

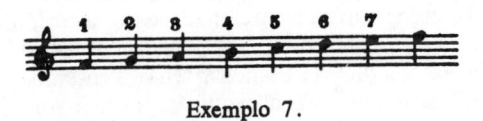

Exemplo 7.

Veríamos outros que, ao contrário, têm uma direção natural para o grave, como o modo de *mi*, o modo dórico, o modo mais nobre da música grega antiga.

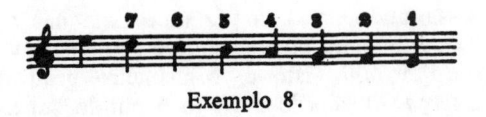

Exemplo 8.

Tudo isso talvez pareça sair fora do nosso tema, já que procuro explicar aqui o sistema tonal clássico, e não a música grega antiga ou o cantochão. Entretanto, não foi inútil abrir uma janela para essas paisagens porque a música moderna, desde o final do século XIX, começou a reintroduzir os modos medievais, e até mesmo os orientais, na música ocidental, tratando-os harmoniosamente segundo seus próprios métodos. E esta é mesmo uma das soluções que os compositores propuseram para a crise do sistema tonal.

Dito isto, ocupemo-nos exclusivamente do modo de *dó* e levemos nossa análise mais adiante. Já disse que este modo teve desde o século XVI e até em nossos dias uma sorte extraordinária. Por quê? Por que a música dos séculos XIII, XIV, XV e XVI, nos longos caminhos que percorreu, partindo das monodias do cantochão, superpondo e entrelaçando linhas melódicas diferentes, complicando mais e mais suas combinações, por que esta música acabou por se fixar mais sobre essa escala do que sobre aquelas de que havia partido? Bem, é porque, pouco a pouco, no decorrer de uma

o modo de dó

o acorde perfeito

evolução muito lenta, o ouvido acabou por reconhecer em certas agregações de sons, de início fortuitas, depois — desde que a atenção deteve-se nelas — mais e mais procuradas por si mesmas, uma plenitude de sonoridade, uma sensação de equilíbrio, um certo hedonismo.

Essas agregações, reconhecidas como consonantes, delimitaram-se por si mesmas sob a forma de acordes de três sons que chamamos de acordes perfeitos.

Como se conseguem estes acordes?

Tomemos a primeira nota *dó* da gama maior clássica. Se tocamos simultaneamente o *dó* e o *ré* que o segue imediatamente na escala, obtemos uma dissonância. Saltemos o *ré* e toquemos simultaneamente com o *dó* (primeiro grau do modo) o terceiro grau, isto é, o *mi*. Obtemos uma consonância: os dois primeiros sons do acorde perfeito. Falta o terceiro, que vou testar tocando junto com os dois sons já associados de maneira feliz. Tentemos com o quarto grau: o *fá*. Dissonância. Com o quinto grau, o *sol*. Consonância.

Exemplo 9.   Exemplo 10.

Em suma, saltando de cada vez uma nota nas cinco primeiras do modo de *dó*, encontramos sons que se dão bem. O intervalo que separa o *dó* do *mi* (isto é, o primeiro grau do terceiro) chama-se uma *terça*. O acorde perfeito é obtido superpondo duas terças: *dó-mi*, *mi-sol*.

Este acorde perfeito: *dó-mi-sol* corresponde... ou melhor, correspondia, antes da introdução da gama temperada de que falava acima, aos sons harmônicos fornecidos pela ressonância natural. Por isso ele se impôs por si mesmo à atenção dos músicos na época em que a gama temperada ainda não existia. Ele se impôs por sua plenitude. E ainda que estejamos hoje, depois de quatro séculos, um pouco insensíveis a esta plenitude, para não dizer cansados, ela ainda conserva um certo poder de fascinação. Testemunha isso uma página de um músico considerado, contudo, o primeiro assassino do sistema tonal, Richard Wagner, e que entretanto não hesita, no prelúdio do *Ouro do Reno*, em submergir-nos, durante cento e trinta e seis compassos, nos três sons de um acorde perfeito. Três sons. Nada mais, nada menos. É verdade que ele iniciava a *Tetralogia*. Tinha tempo diante dele (2).

Já disse que cada vez que saltava uma nota na escala dos sons da gama diatônica, criava, entre os dois sons confrontados, um intervalo de terça. O intervalo de terça é feito, então, da soma de dois intervalos entre os graus do modo. Ora, lembramos que os graus do modo têm entre si tanto um tom como um semitom de intervalo. Concluir-se-á que todas as terças não são iguais entre si porque, segundo as relações da nota saltada com suas duas vizinhas, percorro, ao saltá-la, dois tons, ou então apenas um tom e meio.

As terças feitas da soma de dois tons inteiros chamam-se *terças maiores;* as feitas de um tom e meio, *terças menores.*

Daí resulta que há dois tipos desses acordes perfeitos de três sons que acabamos de ver surgir em nosso universo: aqueles cuja terça de base é maior (estes são os acordes perfeitos maiores) e aqueles cuja terça de base é menor (estes são acordes perfeitos menores).

maior e menor

Maior   Menor

Exemplo 11.   Exemplo 12.

Volto ao que disse acima sobre o acorde perfeito obtido pela superposição de duas terças. Para ir ainda um pouco mais longe no conhecimento da estrutura deste acorde, é preciso acrescentar que essas duas terças são, numa certa medida, complementares. Uma é necessariamente maior do que a outra, isto é, uma é maior e a outra menor.

Ora, o que conta para a determinação de um acorde de três sons é a relação de seus dois sons mais agudos com o mais grave, que se chama *fundamental.* Todas as harmonias da música tonal, mesmo as mais complexas, tiram o seu sentido da nota que sustenta seu edifício: a *fundamental.* Então, o acorde perfeito é identificado pela terça (maior ou menor) que separa a fundamental da segunda nota do acorde.

Quanto à terceira nota do acorde, o importante em relação a ela é também sua relação com a fundamental. Mas essa relação é imutável, porque o intervalo entre a fundamental e ela é feito da soma de duas terças, uma maior, outra menor, ou vice-versa. Este intervalo chama-se *quinta* (como é justo, tratando-se do quinto grau). É o mais importante da música tonal. Os antigos gregos consideravam a quinta como a mais perfeita das consonâncias, enquanto a terça, que nos é tão familiar, eles a ouviam como uma dissonância. E os músicos do nosso século XIII faziam o mesmo.

Aí estão, bem nitidamente estabelecidos, dois elementos essenciais da linguagem musical da época clássica: por um lado, a escala dos sete sons que constituem o modo de *dó;* por outro lado, a constituição do acorde perfeito maior ou menor, primeiro princípio da linguagem harmônica.

O acorde perfeito maior é um acorde forte; o acorde perfeito menor é um acorde muito mais fraco. Por que o acorde perfeito maior tem mais brilho que o outro? Há nisto uma razão de ordem física: a nota grave do acorde, a chamada fundamental, já contém nela mesma os dois outros sons do acorde, que fazem parte de seus primeiros harmônicos naturais. A ressonância do som fundamental dá a quinta e dá a terça maior. Mas não dá a terça menor. O acorde perfeito menor é, então, um acorde relativamente pobre. Ele não tem a rotundidade e a robusta saúde de seu colega.

Ora, se considerarmos a seqüência de acordes perfeitos colocados sobre os diferentes graus da gama, ou melhor, digamos do modo de *dó*, vemos que três desses acordes são maiores e três são menores (quanto ao sétimo, falaremos dele apenas mais tarde, porque ele coloca problemas que, nesta primeira fase de nossa exposição, complicariam muito as coisas).

primazia do primeiro, quarto e quinto graus

Os três acordes perfeitos maiores, portanto os três acordes fortes do modo de *dó*, baseiam-se sobre o primeiro grau (sobre *dó*), sobre o quarto grau (sobre *fá*) e sobre o quinto grau (sobre *sol*). Se forem ouvidos sucessivamente estes três acordes do 1.º, do 4.º e do 5.º graus, as sete notas do modo terão figurado sucessivamente nesse complexo.

Exemplo 13.

Esses três acordes estabelecem, então, o fundamento do sistema tonal e as três fundamentais que os sustentam são as notas-chave sobre as quais se articulam todas as combinações harmônicas do sistema (ou pelo menos as mais importantes). Por essa razão, damos-lhes nomes significativos: o primeiro grau chama-se *tônica*. O quinto grau, a uma distância da quinta, chama-se *dominante*. O quarto grau, a uma distânc a da quarta da tônica, chama-se *subdominante*. Tônica, dominante, subdominante, primeiro, quinto e quarto graus, são os senhores desta hierarquia rigorosa e complexa que é o sistema tonal.

O equilíbrio entre a tônica e a dominante está sempre presente por trás de todas as variantes, as digressões e as galanterias que a música clássica se permite com este princípio básico. Frases inteiras, algumas vezes trechos inteiros, são redutíveis, em última análise, no seu sentido harmônico, a esses três acordes do primeiro, do quinto e do quarto graus. Uma quantidade inumerável de melodias clássicas repousa, de início, sobre o acorde perfeito do primeiro grau, remete-se mais ou menos diretamente ao quinto (a dominante) e recai, com a queda da linha melódica, sobre o primeiro. Para tomar um exemplo entre mil, este é o esquema do romance de Querubim, em *Bodas de Fígaro*, de Mozart (3).

Mas, dir-se-á, você fala sempre de *dó* maior. Ora, a música clássica nos anuncia sem cessar: sinfonia em si bemol maior, concerto em sol menor, e assim por diante. Então, há outra coisa além do seu *dó* maior. Certamente, há outra coisa. Se o sistema tonal fosse apenas o que disse dele até aqui, não teria durado séculos.

as tonalidades

Partamos, então, para uma nova etapa e, logo de início, acentuemos bem que sempre uni a palavra *modo* ao som *dó*. Sempre disse: o modo de *dó*. Ora, repitamos, o modo é uma certa ordem de sucessão de intervalos desiguais, tanto maiores (o tom) como menores (o semitom), entre os sete sons que, no Ocidente desde Pitágoras, a Música seleciona no interior da oitava.

Trata-se aqui não de notas designadas por seu nome, mas de intervalos entre sons que não delimitamos no absoluto, neles mesmos, mas apenas no relativo, isto é, nas relações que eles mantêm entre si. É, portanto, alguma coisa ainda muito abstrata.

O que chamo modo de *dó* é simplesmente a ordem de sucessão dos intervalos que temos de percorrer ao subir a gama de sete sons que tem a nota *dó* por origem. Os sete sons que encontramos lado a lado nas teclas brancas de um piano. Encontramos dois grandes (dois tons), depois um pequeno (um semitom), depois três grandes (de novo, tons) e um pequeno (um semitom) que nos reconduz à oitava do primeiro grau.

Ora, existem meios, em Música, de reproduzir rigorosamente esta mesma sucessão de intervalos, mesmo quando a primeira nota, a que chamamos *tônica*, chama-se *ré* ou *mi* em lugar de *dó*. Para isso, é suficiente recorrer às cinco notas que pusemos provisoriamente de lado quando exploramos a totalidade dos sons contidos no intervalo de oitava, e não mais apenas aos que serviram de base à linguagem musical clássica. Lembraremos que eles eram em número de doze, a igual distância uns dos outros (um semitom). Havíamos retido sete e deixado cinco de reserva. É o momento de chamá-los à linha de frente.

Partamos, então, de *ré* e tratemos de reencontrar a seqüência de intervalos achados há pouco, quando partimos de *dó*. Logo de início, há dois grandes intervalos de um tom cada um, o que agora não acontece, pois entre *mi* e *fá* tenho apenas um pequeno intervalo de um semitom. Falta-nos um semitom. Apelo às minhas reservas. Coloco um *sustenido* diante do *fá*, o que tem por efeito fazê-lo subir meio tom.

Continuamos a percorrer os graus da escala. Para os intervalos seguintes, encontramos os do modo que queremos reproduzir. Mas entre o sexto e o sétimo graus, isto é, entre *si* e *dó*, falta-me ainda um semitom. Elevamos *dó* em meio tom que lhe falta, transformando-o em *dó sustenido* e recaímos, uma vez transposto o último semitom regulamentar, sobre a oitava da tônica, isto é, sobre *ré*.

Assim procedendo, o que fizemos exatamente? Reproduzimos, partindo de *ré,* uma certa série de intervalos próprios ao modo de *dó.* Isso em abstrato. Concretamente, criamos algo de novo, que se chama uma *tonalidade.* A *tonalidade* de *ré maior.*

Guardemos bem esta palavra: uma *tonalidade.*

A tonalidade não é mais, como o modo, alguma coisa abstrata, uma simples série-tipo de intervalos. É um grupo caracterizado, único de sua espécie, de sete sons nominalmente designados, tendo entre eles os intervalos-tipo de um modo.

Começamos a ver mais claramente o que é o sistema tonal. É um sistema baseado numa certa escala de sete sons, reproduzida à vontade a partir de não importa qual som inicial, criando assim tantas tonalidades diferentes quantos são os graus da escala cromática.

a modulação

Cada vez que, por um encadeamento harmônico de que não tentarei analisar o mecanismo, ou por qualquer outro artifício, um compositor passa de uma tonalidade para outra, faz o que se chama uma modulação. E isto se aproxima do que faz um pintor quando faz vibrar duas cores opondo uma à outra. Pois é um fato da experiência que cada tonalidade tem uma cor bem sua, exprime mais particularmente esse ou aquele sentimento, a ternura, a dor..., a alegria, como faz, por exemplo, a tonalidade de *ré maior,* do final da *Nona Sinfonia* de Beethoven.

Para dar um exemplo extremamente popular do poder expressivo de uma modulação, convido o leitor a cantar interiormente para si mesmo a nossa boa velha *Marselhesa*. Até *l'étandart sanglant est levé* permanecemos tranqüilamente na tonalidade principal, com o jogo de tônica, dominante e subdominante, de que desmontamos o mecanismo mais acima. Com: *Entendez-vous dans nos campagnes* aguçamos o ouvido e, de repente, com a expressão *mugir ces féroces soldats,* modulamos para uma tonalidade nova que dá uma cor sinistra à imagem evocada pelas palavras.

Outra modulação célebre, a que surge bruscamente em alguns compassos antes do final do *Bolero* de Ravel, esta longa peça para orquestra que tem por característica bastante rara não abandonar a tonalidade de *dó maior* durante dezessete ou dezoito minutos. Daí uma monotonia voluntária de que o autor escapa pelo brilho incomparável de sua orquestração, assim como pela beleza plástica do tema incansavelmente repetido. E depois, de repente, no paroxismo do delírio instrumental, a orquestra inteira lança-se brutal, inesperada e quase escandalosamente ao acorde de tônica de *mi maior* (4).

as tonalidades menores

Portanto, com a diversidade de suas numerosas tonalidades, com as mudanças de iluminação que a arte de modular de um tom para outro lhe fornece (e pode-se dizer que, para além das fórmulas de escola, cada artista verdadeiramente criador tem sua própria maneira de fazê-lo), a linguagem que o sistema tonal punha à disposição dos músicos era de uma riqueza prodigiosa. E o é ainda bem mais de que se pode imaginar por aquilo que deixamos entrever dela. E isto por várias razões. Uma destas razões consiste em que o número de tonalidades de que o compositor dispõe é muito maior do que acabo de dizer. Pois ainda não abordei a questão das tonalidades menores.

O mundo inteiro ouviu falar das obras clássicas em *sol menor*, em *mi menor*. Eis aí um campo que agora precisamos explorar.

Mostramos mais acima [1] que a tonalidade de *dó maior* girava, como todas as tonalidades do sistema, em torno de três notas-chave, uma sobre o primeiro grau, a tônica, uma outra sobre o quinto, a quinta, uma outra enfim sobre o quarto, na quarta da tônica. Os acordes perfeitos construídos sobre estas três notas eram, todos os três, acordes perfeitos maiores e continham os três juntos todas as notas da escala.

Tomemos as mesmas notas e consideremos a nota *lá* como uma tônica. Ela sustenta um acorde perfeito menor. Na quinta do *lá*, a nota *mi* sustenta um outro. Na quarta do *lá*, a nota *ré* sustenta um terceiro acorde perfeito menor. Estes três acordes estão, portanto, exatamente na mesma relação entre si que os três acordes fundamentais da tonalidade de *dó maior*, e sua sucessão permite igualmente ouvir todas as notas da escala.

Pode-se concluir daí a existência de um modo (atenção, digo precisamente um modo) diferente do modo de *dó*, baseado sobre o *lá* e que, entretanto, está em estreita relação com esse modo de *dó* porque contém as mesmas notas e é regido pelas mesmas leis, sendo, contudo, seus três acordes fundamentais de tônica, de dominante e de subdominante, menores, enquanto os do modo de *dó* são maiores.

Por causa dessa estreita relação, o modo de *lá* é considerado como um modo menor, relativo do modo de *dó*. Da mesma maneira que este último, ele poderá modular, transpor-se, reproduzir sua série-tipo de intervalos sobre todos os graus da escala. Todas as tonalidades maiores têm, assim, este satélite: sua tonalidade relativa menor.

Eis então duplicado o número das cores de nossa paleta.

Todavia, é necessário acrescentar que, para tornar mais clara minha demonstração, trapaceei um pouco com a verdade histórica. Com efeito, desde o fim do século XVI, o modo de *dó* havia

---

1. Ver p. 20.

estabelecido uma tal tirania sobre a música que os compositores não conseguiram preservar o modo de *lá* em toda a sua pureza e integridade.

Envolvidos por este poder atrativo que, no modo de *dó*, a oitava da tônica exerce sobre o sexto grau (em razão deste intervalo estreito que os separa; submetido este semitom à pressão dos três tons conjuntos que o precede na escala), esses músicos não puderam se conformar em ver um tom inteiro ocupar este mesmo lugar no modo de *lá*. Este sexto grau que, em função de suas propriedades particulares, chamavam de *nota sensível*, eles o colocaram à força no modo menor tornando sustenido o *sol* pelo qual deveria naturalmente terminar. Daí esta gama híbrida...

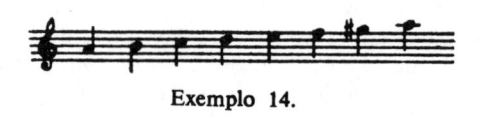

Exemplo 14.

... sobre a qual teremos de voltar mais tarde.

acordes dissonantes

Antes de abordar a questão de saber como o compositor clássico se serve destes materiais numerosos e variados para escrever obras musicais, convém complementar as explicações ainda muito sumárias dadas sobre os acordes que constituem a harmonia tonal, obtidos, como dissemos, superpondo duas terças a cada um dos graus da escala.

Nós os chamamos acordes perfeitos, maiores ou menores, e eles constituem a harmonia consonante. Mas a harmonia só se ateve aos acordes perfeitos consonantes exatamente na origem do sistema tonal. Muito rapidamente se percebeu a riqueza sonora e o grande valor expressivo que se poderia extrair da associação, aos acordes consonantes de três sons, de um quarto, depois, muito mais tarde, de um quinto som, os quais criavam inevitavelmente na agregação ouvida um efeito de dissonância.

Para se fazer acordes, recorreu-se à superposição de terças. Assim, criaram-se acordes de quatro sons chamados acordes de *sétima*, depois acordes de cinco sons ou acordes de *nona*, bem conhecidos pelo uso imoderado que deles fez o *jazz*.

Exemplo 15.   Exemplo 16.

No início, os compositores pré-clássicos, um pouco intimidados por sua conquista, usavam prudentemente as dissonâncias. Tomaram por regra prepará-las e resolvê-las. Prepará-las, isto é, fazer ouvir a nota destinada a produzir dissonância com a ajuda de um acorde precedente, antes de fazer soar aquele em que sua presença deveria criar uma espécie de perturbação. Quanto à resolução da dissonância, consistia em fazê-la seguir sua inclinação natural em direção a um outro som onde desapareceria o seu aspecto subversivo.

Sem entrar em muitos detalhes, digamos que esta inclinação natural provinha de que, na maior parte das vezes, esta nota dissonante acrescentada à harmonia engendrava aí uma espécie de fenômeno, seja de atração, seja de repulsão, que atuava entre ela e uma das outras notas do acorde. Estas duas notas tendiam, então, ou a voltar-se uma para a outra, ou a se repelir, e era isto que acontecia com o auxílio do acorde seguinte.

Entre o *si* e o *fá* do acorde abaixo existe uma atração. A aproximação que desejam um e outro fará com que se unam na consonância de terça em que se fundirão.

Exemplo 17.

No caso, o acorde dissonante do exemplo precedente colocava-se sobre o quinto grau (ou dominante) da tonalidade de *dó maior,* e a resolução da dissonância remeteu-nos suavemente ao acorde perfeito da tônica. Por essa razão, a dissonância desempenhou, no encadeamento dos dois acordes, um papel de reforço do sentido da tonalidade de *dó.* Por isso, muito rapidamente veio a se considerar que este acorde, chamado de sétima, exerce uma função essencialmente tonal quando é colocado sobre o quinto grau ou dominante do tom. Considerou-se, então, inútil desculpar essa feliz dissonância, preparando-a. Mas por muito tempo continuou-se a resolvê-la. Seria preciso acrescentar que na música moderna não se tem, há bastante tempo, necessidade nem de preparar nem de resolver dissonância alguma, por mais agressiva que seja?

Um outro tipo de dissonância, muito empregado na época clássica, contribuiu bastante, pelo uso que dela fizeram os compositores modernos, para a desintegração do sistema. Consiste em substituir, quando se ataca um acorde, um som ou vários sons desse acorde por outros vizinhos na escala, naturalmente em estado de tensão, de dissonância com o acorde imaginado pelo compositor. Resolve-se a dissonância fazendo deslizar o intruso (ou os

apojatura

intrusos) para a ou as notas cujo lugar haviam usurpado. Isto se chama *apojatura*.

Dupla apojatura

Exemplo 18.

Na época moderna não faltou a multiplicação dessas *apojaturas*, mas cada vez menos houve necessidade de resolvê-las. De fato, criaram-se quantidades de agregações harmônicas cujo sentido, deixado implícito, não tinha mais realidade a não ser para o compositor. Eram, aliás, muitas vezes, agregações deliciosas ao ouvido, mas que deixavam finalmente de fazer qualquer referência ao sistema tonal, transbordando dos seus limites.

estrutura-tipo da obra clássica

Esbocemos agora uma descrição da maneira como uma obra clássica serve-se dos materiais sumariamente enumerados.

Antes de tudo, na época clássica, qualquer obra que se escrevesse estava marcada pelo signo de uma determinada tonalidade. Escrevia-se uma canção, uma sonata, uma sinfonia em *mi maior*, em *sol menor*, em *fá sustenido menor* etc.

Isso não quer dizer que todas as harmonias ouvidas durante a totalidade da obra pertencessem à tonalidade anunciada no título. E também não significa que cada um dos quatro movimentos de uma sinfonia em *sol* fosse igualmente em *sol*. Encontra-se isso na forma chamada *suíte*, mas não numa sinfonia.

Isso quer dizer que haverá nessa obra uma tonalidade preponderante que reinará soberana, flanqueada de seus dois acólitos imediatos, isto é, as duas tonalidades mais vizinhas. Duas tonalidades são vizinhas quando têm em comum o maior número possível de sons. As tonalidades mais vizinhas estão a distância de quinta uma das outras. Por exemplo, as duas tonalidades mais próximas do *dó maior* são *sol maior* (a tonalidade da dominante), que tem as mesmas notas que *dó maior*, menos o *fá* que é *sustenido*, ou então *fá maior* que, com exceção de um *si bemol*, tem igualmente as mesmas notas que *dó maior*. É preciso acrescentar aí o tom relativo menor.

Numa sinfonia clássica, como as coisas se organizam? Em geral, e naturalmente sem prejuízo dos desvios deste esquema-tipo que a fantasia do compositor tornará possível, teremos de início um primeiro movimento, geralmente um *allegro*, precedido ou não de uma introdução. Esse *allegro* será geralmente dividido em três: uma exposição, um desenvolvimento e uma reexposição.

A exposição enunciará um primeiro tema na tonalidade principal da obra, digamos, por exemplo, *mi maior* (quatro sustenidos). Supostamente bem ouvido e assimilado este tema, modulamos para o tom da dominante, isto é, em nosso exemplo, para *si maior* (cinco sustenidos), e tomamos conhecimento do segundo tema, concebido pelo autor de maneira a criar um certo contraste com o primeiro (muitas vezes o primeiro tema terá um caráter sobretudo rítmico e o segundo mais especificamente melódico).

Geralmente, voltamos ao tom inicial para concluir a exposição, depois do que (sobretudo no período clássico, mas pelo menos até meados do século XIX...) a recomeçamos. Trata-se, com efeito, de fixar bem na memória do ouvinte os dois elementos temáticos desse primeiro movimento de sinfonia, e também de impregná-lo bastante da cor, do clima particular criado pela tonalidade em que o autor nos quis colocar. Ele nos convida, então, a ouvir sua exposição uma segunda vez. Em nossos dias, mais freqüentemente, confia-se no ouvinte, a menos que se desconfie de sua impaciência, suprimindo-se a repetição.

Começa, então, o desenvolvimento central. Aí o músico escolhe, a partir do material temático delimitado, elementos característicos e estabelece entre eles um jogo sutil e sábio, fragmentando-os, superpondo-os, imbricando-os uns nos outros. Mas, sobretudo, levando estes elementos para tonalidades novas mais ou menos afastadas da principal, esforçando-se para que esta seja, ao mesmo tempo, esquecida e lembrada com saudades, e, quando ela reaparecer logo em seguida, o ouvinte sentirá uma espécie de alegria, ou em todo caso, de conforto, ao se sentir novamente em casa.

As modulações sucessivas que esse desenvolvimento nos faz percorrer são variações de cor e de iluminação pelas quais o autor valoriza, em nossa intenção, seus diversos elementos temáticos — que se supõe possamos reconhecer de passagem — mas sempre com uma nova surpresa e um novo encantamento provocados pelas mudanças de tonalidade.

Quando considera ter dito o suficiente, o músico leva-nos de volta à tonalidade principal para uma reexposição, não necessariamente calcada na exposição primitiva, mas que lembra suas idéias em sua nudez, permitindo melhor apreciar, retrospectivamente, as diversas transformações sofridas no caminho. Esta reexposição tem, além disso, a finalidade de dar simetria e equilíbrio à arquitetura sonora.

Este é o esquema de um *allegro* dentro do que chamamos a forma *sonata,* forma que se aplica tanto à sinfonia como à música de câmara.

Acrescentam-se a isso dois ou três outros movimentos, sendo o segundo em geral um *scherzo* rápido ou um minueto, o terceiro, um movimento lento (mas esta ordem algumas vezes é invertida) e o quarto, um *finale*.

O *scherzo* ou o minueto têm geralmente a mesma forma. Contêm duas idéias de natureza rítmica mais ou menos derivadas uma da outra, executadas cada uma duas vezes; em seguida, há uma parte chamada *trio,* mais melódica e expressiva, depois da qual se volta ao começo e se executa de novo as duas primeiras secções da peça, sem repetição.

O movimento lento é aquele em que o lirismo do músico se expande mais livremente. Ainda aí, ele é organizado segundo uma simetria que retoma a melodia exposta no começo, depois de um período central modulante onde aparecem idéias correlatas.

O *finale,* movimento vivo ou muito vivo, tem geralmente a forma de um rondó, quer dizer, de um tema que desempenha o papel de um refrão e que volta muitas vezes, no decorrer da peça, intercalado entre as estrofes em que a fantasia do autor tem livre curso.

Vê-se, então, que a música clássica estabelece suas estruturas por meio de simetrias evidentes entre elementos temáticos periodicamente colocados em primeiro plano, e afirmados em sua permanência, pela volta da tonalidade a que se ligam, depois de passagens por tonalidades mais ou menos longínquas.

CAPÍTULO 3.

Continuação da descrição do sistema tonal.
Primeiras observações sobre as causas de sua desagregação.
A modulação contínua de Wagner.

Por mais elementares que sejam as noções esclarecidas no capítulo anterior, a partir de agora sabemos o suficiente sobre o sistema tonal — sistema-chave de toda a música clássica — e estamos em condições de compreender o processo dessa lenta desagregação que, quase levada a cabo no início do século XX, condicionou a pesquisa de todos os criadores de nosso tempo. Essa pesquisa, conseqüentemente, não poderia se dirigir a não ser para uma renovação, até mesmo para uma subversão total da linguagem da Música.

Para colocar as coisas bem em ordem antes de ir mais longe, façamos rapidamente o balanço daquilo que podemos ter por assimilado.

Aprendemos, então, a conhecer:

1) O intervalo de oitava que delimita o espaço vital onde coabitam todos os sons com que se faz música no Ocidente.

2) A escala dos doze sons que dividem este intervalo de oitava em doze pequenos intervalos rigorosamente iguais entre si: os semitons.

3) Os sete sons que a música ocidental seleciona entre esses doze sons e com os quais constrói uma escala-tipo chamada modo de *dó*.

4) A constituição deste modo, definido por uma sucessão imutável de intervalos, tanto maiores (tons), como menores (semitons).

5) A possibilidade de reproduzir esta sucessão de intervalos ou modos a partir de qualquer um dos graus da escala de doze sons, graças à colocação em jogo dos cinco deixados de reserva no momento da seleção. O que coloca à disposição dos músicos um grande número de tonalidades diferentes, dotadas cada uma de seu caráter e de sua cor.

6) A possibilidade, para o compositor, de passar de uma tonalidade para outra dentro de uma mesma peça, por meio do que se chama de *modulação*.

7) A constituição de acordes perfeitos de três sons, obtidos sobre cada um dos graus da escala pela superposição de dois sons com intervalo de terças (a terça é o intervalo obtido cada vez que se salta um som sobre dois, subindo a escala).

8) A hierarquia rigorosa que dá a três sons da escala e aos acordes perfeitos construídos sobre estes três sons uma primazia absoluta em relação aos outros, sendo estes três sons o primeiro grau (ou tônica), o quinto grau ou dominante, o quarto grau (subdominante) e que bastam para determinar sem perigo de erro a tonalidade em que nos encontramos.

9) A possibilidade, para os músicos, de ir mais longe na superposição das terças, criando assim acordes dissonantes.

A estas noções, é conveniente acrescentar algumas delimitações suplementares.

inversão dos acordes

Já se disse, mas é preciso insistir ainda, que toda harmonia era antes de tudo determinada pela nota mais grave que a sustenta, isto é, por sua fundamental. Nos manuscritos antigos, os autores freqüentemente se contentavam em indicar a parte melódica e a fundamental, superpondo a esta alguns números que — correspondendo a uma convenção conhecida de todos — permitiam ao executante compreender qual era o acorde imaginado pelo compositor e dispô-lo à sua vontade.

Digo à sua vontade, pois a disposição interna das notas que constituem um acorde não muda em nada o seu sentido harmônico. Podemos condensar um acorde no interior de uma única oitava; podemos espalhá-lo sobre várias oitavas duplicando, triplicando suas notas... contanto que a fundamental permaneça a mesma, temos sempre o mesmo acorde.

Aqui está um acorde perfeito de *dó maior* em seu menor formato (Ex. 19). Ei-lo espalhado segundo a máxima possibilidade de afastamento dos dedos sobre o teclado (Ex. 20).

Exemplo 19.   Exemplo 20.

A harmonia é sempre a mesma.

Mas se nesta mesma agregação que, afinal, só contém os três sons: *dó mi sol* (ainda que cada um destes três sons seja repetido duas vezes em oitavas diferentes), colocamos o *mi* como fundamental em lugar do *dó,* então, o acorde não é mais o mesmo. Não é mais o acorde perfeito de *dó maior.* É o que se chama a primeira inversão do acorde perfeito de *dó maior,* ou acorde de *sexta.* Claro, ele é um parente muito próximo do acorde de *dó maior* em sua posição fundamental. Pode até substituí-lo em certos casos. Mas já não pode desempenhar o mesmo papel. Por exemplo, ele é infinitamente menos conclusivo. No final de uma peça de música clássica há, quase sempre, uma cadência perfeita, isto é, uma queda do acorde do quinto grau (dominante) para o acorde do primeiro grau (tônica) (Ex. 21). Bem, se substituímos o acorde de *dó,* em sua posição fundamental, por sua primeira inversão ou acorde de *sexta,* eis o que acontece (Ex. 22):

Exemplo 21.   Exemplo 22.

Não é possível terminar uma peça com uma tal suspensão. Isso pede uma continuação. Vê-se, portanto, que no sistema tonal, todo acorde tem sua individualidade e que, por outro lado, a música clássica o considera mais em sua função, quer dizer, em seu princípio dinâmico, do que em si mesmo, em sua realidade estática.

E é isto que vai dar tanta importância, no começo da evolução do sistema, aos acordes dissonantes. É com eles, com efeito, que começa verdadeiramente a entrar em jogo todo um dispositivo de tensões que multiplicam seu dinamismo e que indicam a função tonal.

Se tomo um acorde perfeito de três sons: *dó mi sol,* tocando apenas ele no piano, ele permanece lá, estático, não pedindo nada de particular, de necessário depois dele. Desde que nada o precedeu, e na medida em que nada o segue, meu primeiro julgamento deste acorde *dó mi sol* é que ele me coloca na tonalidade de *dó maior.* Isto supõe que eu batize o *dó* grave, que é a sua fundamental, de primeiro grau, ou tônica do tom de *dó maior.*

Mas se por acaso alguém me diz que não é nada disso e que este *dó* é na realidade o quinto grau, isto é, a dominante de *fá maior,* não tenho argumentos contra essa afirmação que introduz imediatamente um princípio dinâmico neste complexo sonoro e o leva a se resolver assim (Ex. 23). Nada impede, igualmente, de chamar este *dó* de quarto grau, ou subdominante do tom de *sol,* e a resolução será a seguinte (Ex. 24).

Exemplo 23.   Exemplo 24.

Na medida em que nos restringimos à harmonia consonante que coloca em ação apenas acordes de três sons, são necessários, portanto, pelo menos dois acordes sucessivos para estabelecer uma certeza tonal. Com um quarto som, tudo muda.

Estabelecemos, no capítulo anterior, a poderosa significação tonal do acorde obtido pela junção de uma terça às duas terças superpostas do acorde perfeito do quinto grau. Este acorde, chamado de *sétima de dominante,* é único em seu gênero. Ele só pode pertencer a uma única tonalidade. Ele contém um certo intervalo que cria um apelo irresistível (um apelo irresistível ao qual os músicos modernos resistirão muito bem, aliás). Ele pede a sua resolução numa cadência perfeita sobre o acorde de tônica (Ex. 25). Notem bem que, se o compositor não quer esta cadência perfeita, sempre pode fazer isto, por exemplo (Ex. 26).

Exemplo 25.   Exemplo 26.

O que é, então, uma modulação brusca para *lá maior.* Mas há uma surpresa total. Não é o que o ouvido esperava.

diferentes acordes de sétima

Em todos os graus da gama pode-se fazer acordes de *sétima,* mas estão longe de ter o mesmo caráter. Com efeito, da mesma maneira pela qual há dois tipos de terças, as grandes, feitas de dois tons (maiores), e as pequenas, de um tom e meio (menores), encontram-se sobre outros intervalos estes dois tipos diferentes: o intervalo *maior* e o intervalo *menor.* Não com a quinta. Vimos que a *quinta* era feita da soma de uma *terça maior* e de uma *terça menor.* É um intervalo imutável. Mas há *sétimas maiores* e *sétimas menores.* A *sétima menor,* a do acorde dominante, é aquela onde se encontram essas notas atrativas que dão ao acorde uma função tonal tão poderosa. O acorde de *sétima maior* é mais duro e mais estático. É um instrumento maravilhoso nas mãos de um Debussy. A música clássica o manipulava com prudência. Ele faz parte desses acordes cuja beleza sonora nos incita a fruí-los em si mesmos, isto é, eles deixam numa certa medida de ter uma função ativa.

Exemplo 27.

E é aí que começa o perigo. Um perigo, não absolutamente para a Música, mas para o sistema.

A harmonia dissonante, à medida que se desenvolveu, enriquecida de novas agregações, deu origem a uma tentação que nos levou muito longe. Deu origem a uma certa despersonalização das tonalidades que compunham com suas cores puras a paleta dos músicos clássicos.

Tomemos o exemplo de uma agregação bem conhecida e ainda relativamente simples: o acorde chamado de *nona,* obtido, segundo o método que agora conhecemos bem, pela junção de uma quarta *terça* às três *terças* já superpostas no acorde de *sétima*. O elemento de tensão que notamos no acorde de *sétima* subsiste certamente nesta nova agregação, e sua resolução sobre a tônica...

efeito desagregador dos acordes dissonantes a partir de uma certa complexidade

Exemplo 28.

... continua a nos parecer natural. Mas já a desejamos muito menos. Porque esta sonoridade é por si mesma tão suntuosa que o ouvido se acomoda muito bem à fruição que ela lhe proporciona e, desse modo, não deseja abandoná-la. O compositor também não, ao menos nas épocas em que este acorde, hoje banal, possuía o seu frescor.

No início da sua *Sonata para violino e piano* em lá maior (5), César Franck detém-se condescendentemente nesta harmonia. Ele a resolverá uma primeira vez de maneira ainda muito reticente

Exemplo 29.

sobre o segundo grau; é apenas depois de nos ter feito esperar por longo tempo que ele aterrissará sobre o primeiro.

Este acorde de nona tem de tal forma seu fim em si mesmo que se viu, em particular a música de *jazz,* alinhar de bom grado três ou quatro deles em seguida, descendo ou subindo os graus da escala.

Assim, à medida que a música torna complexo o seu material harmônico, acrescenta sons novos aos seus acordes — novas terças, vai se unir um outro acorde perfeito maior: *mi sol* numa espécie de contemplação de si mesmas, seus princípios de tensão se transformando em beatitude suprema. Depois do acorde de *nona* passa-se ao acorde de *décima primeira,* depois ao acorde de *décima terceira.* Estudemos um pouco este último, partindo do primeiro grau, de *lá maior.*

De terça em terça, passaremos de *lá* a *dó sustenido* e depois a *mi.* Este é o acorde perfeito maior ao qual, pela junção de duas novas terças, vai se unir em outro acorde perfeito maior: *mi sol sustenido si,* o que já nos dá um acorde de *nona.* Depois, partindo de *si,* ainda duas *terças, ré sustenido fá sustenido.* Em suma, este acorde de *décima terceira* representa a superposição de três acordes perfeitos maiores, cuja quinta serve, a cada vez, de fundamental para o acorde seguinte.

Exemplo 30.

Lembremos agora o que dissemos acima, isto é, que a nota importante de um acorde é a sua fundamental, e que a disposição dos sons no interior do acorde não muda sua significação. Nada nos impede, portanto, de dispor as notas do acorde, acima do *lá* de base, numa sucessão de *quintas.*

Exemplo 31.

Bem, o que se pode ler neste exemplo são os primeiros compassos de *Daphnis et Chloé* de Ravel (6). Simples superposição de *quintas* sobre um *lá* grave. E quando a última chegou ao *ré sustenido,* ouvimos o primeiro tema da partitura.

Mas esse *ré sustenido,* lógico se o vemos na perspectiva harmônica dentro da qual Ravel se colocou, não pertence à tonalidade de *lá maior.*

Eis-nos, então, diante de um fenômeno que terá uma grande importância no processo de desagregação do sistema tonal: a introdução em acordes, em princípio tonais, de notas estranhas a eles.

É claro que este enriquecimento prodigioso da matéria musical não se dá sem um enfraquecimento do sistema sobre o qual a Música viveu até então.

Outras combinações de acordes de *décima terceira* foram feitas pelos músicos dessa época, por exemplo esta aqui, colocada sobre o quinto grau e cujas *sétima* e *nona* são menores:

Exemplo 32.

Neste acorde, como em outros, vê-se a introdução, numa harmonia supostamente tonal, de um ou vários sons que não pertencem à tonalidade do acorde, o que não pode acontecer sem que o sistema tonal sofra um certo golpe em sua ortodoxia.

Mas não é necessariamente vontade do autor que seja dessa forma. De fato, a música de Ravel, da qual tiramos este exemplo, é uma música decididamente tonal, muito mais que outras que talvez recorram menos que ele a agregações complexas.

O que salva Ravel de produzir, por isso mesmo, uma música mais ou menos atonal, é a utilização quase constante de seus acordes complexos em suas posições fundamentais [1]. Muito freqüentemente mesmo, como é o caso do acorde de *Daphnis et Chloé* (6) que acabamos de examinar, não contente de colocar como fundamental a nota básica do acorde, superpõe-lhe de início a quinta. Já assinalamos o poder formidável da relação de quintas. Com um acorde que tem uma quinta sobre a fundamental, pode-se permitir muitas coisas, sem com isso conseguir tirar-lhe sua significação tonal.

Antes de ir mais longe, é preciso esclarecer alguns pontos no que diz respeito ao cromatismo.

novas delimitações sobre o cromatismo

[1]. Ver p. 25.

Disse que o sistema tonal, sistema diatônico, devia perecer por se ter deixado invadir pelo cromatismo. Isto exige um exame mais cuidadoso.

Numa obra clássica escrita em *dó maior,* fica claro que não estamos condenados a ouvir apenas os sete sons: *dó ré mi fá sol lá si.* O compositor é completamente livre para nos fazer ouvir *fás sustenidos, dós sustenidos, sis bemóis* etc., mesmo nas passagens não modulantes. Mas esse cromatismo não é funcional. Os sons que ele coloca em jogo figuram na composição como encaminhamentos de um ponto a outro; isto é, como notas chamadas "de passagem". Ou, então, elas são simples inflexões, ornamentos em torno de uma nota pertencente, esta sim, à tonalidade. E isto se chama bordadura *. Elas podem ainda pertencer à categoria que estudamos sob o nome de apojatura, isto é, a substituição apenas provisória de uma nota que deve ter no acorde uma função orgânica, por uma nota vizinha, estranha a esse acorde.

Um compositor mais ou menos hábil, jogando com estes diversos procedimentos, pode obter efeitos de dissonância algumas vezes muito ásperos, contatos freqüentemente saborosos entre linhas entrelaçadas, choques de sonoridades rivais que não atrapalham em nada a ordenação tonal.

Torna-se inteiramente lícito, por exemplo, fazer ouvir simultaneamente num mesmo acorde, um *si sustenido* e um *si natural,* como faz Bizet nesta passagem de *A Arlesiana* (7):

Exemplo 33.

Por um procedimento do mesmo gênero, Ravel nos propõe na *pastoral* de *L'Enfant et les Sortilèges* (A Criança e os Sortilégios) (8), o seguinte encadeamento:

Exemplo 34.

---

* "Bordaduras" e "ampliações" são as equivalentes, em português, para a forma francesa *broderies.* Se bem que, no Brasil, seja mais comum ouvir os músicos se referirem a essas *note che danno la volta* na sua forma italiana, ou seja, *fioriture.* (N. do **T.**)

Nada de mais tonal, entretanto, do que esta combinação harmônica que tem, aliás, uma quinta na fundamental. Ainda um outro exemplo, em Ravel, dos refinamentos sonoros que um uso sutil da *apojatura* pode engendrar:

Exemplo 35.

outros aspectos do cromatismo

Mas há outras variedades de cromatismo que colocam o sistema tonal num perigo mais ou menos grande. Um deles vem dessas superposições de sons em acordes complexos já abordadas mais acima. As agregações assim obtidas são muito belas em si mesmas, mas produz-se uma espécie de diluição de seu caráter funcional. Deixam de ter uma orientação definida, o que implica um enfraquecimento do seu dinamismo.

Por outro lado, se pelo jogo dessas grandes superposições harmônicas, multiplico num acorde sons estranhos que normalmente desempenham um papel específico em outras tonalidades, essas tonalidades novas, quando eu me voltar para elas, terão perdido muito da sua virgindade, é claro. Eis aí, portanto, um dos principais trunfos do sistema tonal, mas que tende a voltar-se contra ele.

Independentemente dessas agregações sonoras obtidas por superposição de *terças,* os músicos, habituando-se a sonoridades sempre mais ricas e mais complexas, acabaram por se cansar um pouco dos acordes simples da música clássica. De maneira que, mesmo quando tinham necessidade desses acordes simples na estrutura da obra em que trabalhavam, começaram a ter vontade de acrescentar-lhes notas para vesti-las mais ricamente.

Acrescentar notas não era tão difícil. Um acorde perfeito de tônica está tão fortemente estabelecido sobre seus três sons, dos quais dois são as chaves do modo, que se pode muito bem recorrer ao arsenal dos sons fracos para acrescentar-lhe deste modo, por exemplo, o sexto grau, a sexta. Com a junção deste som fraco chega-se, então, a este acorde que se espalhou por toda parte, e sobretudo na música de *jazz* (Ex. 36). Ele não poderia satisfazer por muito tempo um ouvido exigente. Mas muitas outras combinações são possíveis. Por exemplo, a junção do segundo grau ouvido na oitava superior e da *sexta* (Ex. 37); e, quase sem perceber, chega-se a fugir ainda uma vez dos sete sons permitidos, por exemplo, com o *fá sustenido* acrescentado a um acorde perfeito já enriquecido (Ex. 38).

Exemplo 36.   Exemplo 37.   Exemplo 38.

Práticas como essas, voltadas cada vez mais para todos os acordes possíveis, não podem deixar de enfraquecer um sistema cuja economia repousa sobre a seleção dos sons postos em ação, e sobre a classificação destes sons numa hierarquia rigorosa.

Mas este não é o único ângulo pelo qual o cromatismo deveria exercer sobre o diatonismo tonal sua influência dissolvente. Esboçamos no capítulo anterior, muito sumariamente, um apanhado da maneira pela qual um músico clássico utilizava os elementos fornecidos pelo sistema tonal para compor, variar e equilibrar uma obra.

Resultava daí que toda obra clássica tinha seu eixo sobre uma tonalidade de base, solidamente estabelecida desde o começo, reafirmada tantas vezes quantas fossem necessárias para dar suficiente unidade à obra; que o material temático estava intimamente ligado a esta tonalidade escolhida ou às suas vizinhas imediatas (a da dominante, da subdominante ou do tom relativo menor) e que, bem assentado nestas sólidas colunas, o autor, podia lançar em seus intervalos a rede brilhante e maleável de seus desenvolvimentos modulantes.

Aliás, este é um comportamento próprio de toda a arte clássica. Assim faz o pintor, quando fixa previamente a ambiência colorida geral que reinará sobre sua tela, ou quando distribui os espaços coloridos que a compõem e, em todo caso, quando estabelece o equilíbrio das massas claras e escuras, cuja relação dará harmonia ao quadro.

Entretanto, esta preocupação de equilibrar a obra musical implica um mínimo de vontade de despojamento inicial. O equilíbrio tonal só se mantém ao preço de uma limitação dos meios postos em ação. A nomenclatura das combinações e dos encadeamentos harmônicos que se oferecem ao músico é prontamente estabelecida na medida em que pretende expressar claramente a tonalidade escolhida. Facilmente cai-se em fórmulas e isto quase não perturbava os músicos clássicos. Sua invenção melódica supria a relativa pobreza de um vocabulário do qual ainda não tentavam fugir.

Contudo, a arte da modulação é daquelas em que se revelam as virtudes mais especificamente musicais de um criador. Tempo viria em que os músicos, mesmo os menos inovadores cada vez mais dificilmente suportavam a sujeição a esta unidade tonal que era um dos dogmas da música clássica, para grande escândalo das autoridades oficiais.

É testemunho disto este acadêmico tarimbado, exclamando ao quinto compasso da *Sinfonia em ré menor,* de César Franck: "Como? Já em *lá bemol!"* E certamente, César Franck é um dos músicos do final do século XIX que mais sofreu a tentação do cromatismo. Uma anedota o mostra assistindo à improvisação de um de seus alunos do curso de órgão, gritando-lhe: "Module... module... mais longe", e de repente, amedrontando-se diante do empenho do neófito: "Puxa! nem tanto, assim também não!"

Portanto, há um declive escorregadio que arrasta os músicos para um relaxamento da unidade tonal, tanto mais fatalmente quanto mais dinâmicos forem eles. E quando o músico envolvido por essa inclinação se chama Richard Wagner, pode-se medir, então, a importância do acontecimento.

Ora, o próprio sistema de Wagner, essa trama sinfônica contínua que segue as mais fugidias inflexões do texto, arrasta-o num jogo perpétuo de modulações, numa evasão harmônica de um intenso valor expressivo, mas cujo poder construtivo é complementado por um igual poder destruidor no campo da linguagem. Tomemos o início do prelúdio de *Tristão e Isolda* (9).

O que é novo nele, para a sua época, é usar no estreito limite de uns trinta compassos como material sonoro um grande número de harmonias mais ou menos características de uma dúzia de tonalidades diferentes, passando de uma a outra, encadeando-as magnificamente, criando assim entre elas, para além do princípio tonal, uma espécie de unidade de segundo grau. Esta unidade, composta de elementos considerados díspares antes dele, introduz na Música um cromatismo orgânico. É fácil reconhecer aí o germe daquilo que se chamará, cinqüenta anos mais tarde, dodecafonismo.

Esta página tão célebre parece-nos, hoje, não apenas de um incomparável esplendor, mas ainda de uma perfeita naturalidade. Na época isso não poderia acontecer e não deve causar espanto que um músico de um pensamento tão diatônico como Berlioz tenha se mostrado reticente diante do que ele chamava "esse gemido cromático".

CAPÍTULO 4.

Continuação do exame dos princípios desagregadores que minaram pouco a pouco as posições do sistema tonal. Claude Debussy.

Chegamos, no final do capítulo anterior, a uma das fases essenciais do fenômeno que é objeto de nosso estudo. Este fenômeno é, lembremo-lo, a desagregação progressiva do sistema tonal sobre o qual havia repousado, por mais de três séculos, a música clássica na sua totalidade. Digamos mesmo que, da perspectiva que hoje podemos ter dela, esta fase, dominada pela personalidade esmagadora de Richard Wagner, aparece como aquela em que se consumou o irreparável (não sendo a palavra irreparável tomada aqui no seu sentido pejorativo de uma fatalidade infeliz, mas simplesmente de uma fatalidade). É a esta fração de tempo, é a este homem, é a esta obra que nós, homens do século XX, não podemos deixar de nos referir para dar conta do que se passou muitos anos depois, numa época dilacerada pelas mais diversas tentativas de renovar, remendar ou substituir o que havia sido posto por terra.

Muitos anos depois, dissemos. Porque na ocasião, quase não se deu conta do verdadeiro sentido do acontecimento que acabava de se produzir. Hector Berlioz, mais velho que Wagner, é o homem que talvez tenha visto melhor o problema. Num artigo polêmico, não exatamente sobre a arte de Wagner, mas sobre o que essa arte poderia anunciar para o futuro, Berlioz fala desse cansaço "das harmonias consonantes, das dissonâncias simples preparadas e resolvidas, das modulações naturais e manipuladas com arte", que faz prever que serão abandonadas. Ele entrevê, igualmente, uma certa maneira de "brutalizar, de subjugar o ouvido", de limitar-se apenas a notar o recitativo "ainda que se empregue para isso os intervalos menos cantáveis". Tudo isto mostra quão profundamente ele penetrou naquilo que estava em germe na arte de Wagner, mas que não deveria realizar-se senão muito mais tarde.

Nesse momento, vemos os músicos contemporâneos de Wagner serem atingidos pelo choque de maneiras diferentes. Alguns, fascinados pelo mágico, não podem deter sua pena quando ela se lembra de seus sortilégios. Outros, como os Cinco Russos, reagem vigorosamente por uma oposição que é uma outra maneira de lhe pagar tributo.

Mas todos estes músicos já estão comprometidos com suas carreiras, já produziram uma parte de sua obra antes de terem sofrido o encantamento; sua linguagem é o que é, sua personalidade subsiste através do testemunho, algumas vezes quase ingênuo, do choque que receberam. Encontram-se em Lalo, em d'Indy, em Chabrier. melismas que são quase plágios inconscientes. Mas, afinal, é sobretudo a doutrina que os domina que lhes impõe essa fórmula de drama lírico em que se afundará uma parte da produção da época.

o cromatismo wagneriano pela modulação contínua

No plano da linguagem, eles não conseguiram tirar as conseqüências dessa escrita eternamente modulante. Permaneceram ancorados nos hábitos de equilíbrio tonal em que viveram antes da tempestade e não vêem que estes já não têm muito tempo de vida. São as gerações seguintes que vão se encontrar diante desse problema, as gerações que têm por tarefa continuar Wagner, que vão partir do ponto em que ele chegou, do ponto para o qual ele conduzia a Música.

Mas quando digo: continuar Wagner, isso não implica necessariamente uma aceitação de suas propostas. Pode ser, ao contrário, uma oposição ao que corria o risco de se tornar, caso se deixasse, uma nova tradição percebida como perigosa. Mas, para ser construtiva, essa oposição não pode contentar-se em voltar atrás, em se apoiar sobre um academicismo ultrapassado. Vai ser preciso, então, criar uma nova subversão, diferente da do ídolo a ser derrubado.

Debussy, que vai entrar em cena, não obedecerá a essa espécie de anarquia harmônica manifestada em *Tristão e Isolda*. Sua arte da modulação é mais contida, mais equilibrada; mas isso não quer dizer que o sistema tonal vá sair de suas mãos restabelecido em seus antigos privilégios.

Debussy: sua volta aos modos antigos

O que Debussy põe em questão, entre outras coisas, é a própria escala sobre a qual todo o sistema tonal foi edificado. Provavelmente, ele não é o primeiro a ter reintroduzido na Música os modos medievais, antigos e até mesmo orientais que haviam sido dela eliminados pelo imperialismo do modo de *dó*. Já Berlioz, no *Dies irae* da *Missa dos Mortos* (10) ou no sonho de Herodes da *Infância de Cristo* (11) havia recorrido a eles. O próprio Beethoven pensava muito nisso no fim de sua vida. Sua *Décima Sinfonia* teria sido modal, como o é, parcialmente, o seu *Décimo Quinto Quarteto* (12).

Além disso, importa pouco procurar a que músicos caberia mais particularmente o mérito de tal ou tal passo para frente. Ou, se isso interessa, é para um escrupuloso historiador da Música, preocupado em dar a César o que é de César. Aqui, fazemos outra coisa, uma espécie de filologia da Música. O que interessa para o que tratamos é notar que, com Debussy no poder, escapamos à escravidão da nota sensível.

A nota sensível, lembremos, é a última nota da escala, a que corresponde ao sétimo grau. Portanto, em *dó maior,* é o *si.* Ela tem um afeto especial pela nota mais próxima, a oitava da tônica, da qual apenas um semitom a separa. Este semitom é para ela um sofrimento. Ela quer reabsorvê-lo de qualquer forma, e toda a música clássica está saturada dessa nostalgia, a ponto de não ter podido decidir-se, como dissemos mais acima, a perdê-la em suas tonalidades menores. Daí essa prática, contrária a toda lógica e a todo respeito à lei natural, de elevar o *sol* para *sol sustenido,* no tom de *lá menor.* O que coloca o sétimo grau a uma distância menor, que se procurava, da oitava do primeiro grau, mas o afasta simultaneamente do sexto, criando entre eles um intervalo novo, de aspecto oriental, que se chama *segunda aumentada.*

digressão sobre a nota sensível

Para se compreender bem essa necessidade, que os músicos tiveram outrora, de corrigir a natureza, é preciso lembrar o que disse mais acima [1] sobre a constituição dos acordes perfeitos de três sons sobre cada um dos graus da gama. Essa operação, justificada pelas leis da ressonância e, essencialmente, por essa realidade evidente que é a consonância perfeita da quinta, não coloca nenhum problema com relação aos seis primeiros graus da escala.

Mas quando se chega ao sétimo, isto é, ao *si* (tendo partido do *dó*), nada mais dá certo. Pois a quinta de *si* seria um *fá sustenido,* enquanto devemos contentar-nos com o *fá bequadro* dado pela gama diatônica de *dó maior.* Esta quinta muito pequena (Ex. 39) chama-se *quinta diminuída.* É um intervalo instável, já que naturalmente dissonante. Ele tende a se resolver sobre outra coisa, e esta outra coisa é a consonância de terça, encontrada quando cada um dos dois sons desta quinta diminuída transpõe um semitom, um em direção ao outro (Ex. 40).

Exemplo 39.   Exemplo 40.   Exemplo 41.

Acrescentemos que se, na tonalidade de *dó maior,* invertermos a quinta diminuída, isto é, se colocarmos o *fá* como fundamental e o *si* sobre ele, o que era uma atração entre esses dois sons torna-se uma repulsão, e eles tendem a resolver sua dissonância afastando-se um semitom cada um (Ex. 41).

1. Ver p. 20.

Ora, estes fenômenos de atração ou de repulsão que intervêm entre o sétimo grau (*si*) e o quarto (*fá*), são precisamente os que vimos intervir nesse acordes de sétima [2] que são os mais poderosos agentes de afirmação da tonalidade à qual pertencem. Daí a necessidade, nos músicos clássicos, de conservar a nota sensível, mesmo nas tonalidades menores, pronta para introduzir na gama a segunda aumentada que definimos mais acima.

De forma diversa de seus antepassados, os músicos modernos gostam muito pouco dessa segunda aumentada, gostam muito pouco dessa nota sensível artificialmente obtida. Mas, suprimindo-a, restabelecem nos seus direitos um modo medieval, um modo do cantochão. E já que adotam este, por que não os outros?

Certamente, modos antigos não podem ser harmonizados muito facilmente segundo as mesmas fórmulas do modo de *dó*. Eles não apresentam intervalos que criem as mesmas tensões harmônicas, mas têm uma cor poética muito própria, comportam tratamentos polifônicos que rejuvenescem o arsenal das velhas fórmulas, permitem enriquecer a linguagem modulante fazendo não apenas modulações de tonalidade, mas também modulações de modo.

Debussy manipula tudo isso com grande flexibilidade. Para tomar um exemplo do segundo dos seus *Nocturnes (Fêtes)* — Noturnos (Festas) — (13): ele nos indica, pelos quatro bemóis que põe na clave e pela quinta *fá-dó* que faz soar a seco desde o primeiro compasso, que estamos em *fá menor*. Mas no terceiro compasso, a gama ascendente pela qual tem início o tema principal da peça comporta um *ré natural* e não um *ré bemol,* o que nos indica que se trata do modo de *ré* ou modo frígio:

Exemplo 42.

Mais adiante, ouviremos uma modulação muito conclusiva em *ré bemol maior,* mas com um *sol natural,* o que nos evoca o soberbo

Exemplo 43.

2. Ver p. 26.

modo de *fá* (modo mixolídio) em que o quarto grau é um semitom mais alto que no modo de *dó:*

Debussy e as gamas do Extremo Oriente

Debussy não se contentou em introduzir na Música a sensibilidade modal. Foi igualmente seduzido por certos modos do Extremo Oriente, e especialmente pelo javanês, a ele revelado na Exposição Universal de 1889. Esse modo figura, por exemplo, em *Nuages* (Nuvens) (14).

Como outras gamas do Extremo Oriente (chinesas, balinesas etc.) ele utiliza apenas cinco sons, em lugar de sete. Por isso o seu nome de gama pentatônica. Obtém-se uma gama pentatônica, do tipo javanês utilizado por Debussy, tocando uma depois da outra no piano as cinco teclas pretas compreendidas numa oitava. Outros músicos seguiram seu exemplo, como é o caso de Ravel em *Laideronnette, impératrice des Pagodes*, incluída em *Ma Mère l'Oye* (Mamãe Gansa) (15).

Debussy e a gama por tons

Enfim, o golpe mais grave dado por Debussy na escala clássica do modo de *dó,* e em conseqüência, no sistema tonal, reside na invenção de uma gama tão deliberadamente herética que, numa época mais longínqua, ela teria lhe valido certamente a fogueira. Trata-se de uma escala de apenas seis notas, compreendidas na oitava, e que estão todas a um intervalo de um tom inteiro umas das outras. Ela foi chamada gama por tons ou gama hexafônica. É um modo extremamente estranho. Tão estranho que não poderia pretender substituir a escala de sete sons do modo de *dó* ou os modos medievais. Em todo caso, ele reduz o sistema tonal a migalhas.

Com efeito, se parto da nota *dó,* encontro em primeiro lugar dois sons, o *ré* e o *mi,* e fazendo isso, transponho dois tons inteiros. Mas para entrar no jogo desejado por Debussy, devo elevar o *fá* para *fá sustenido,* o que me obriga, em seguida, a elevar o *sol* para *sol sustenido* e depois o *lá* para *lá sustenido.* Após o que, deste *lá sustenido,* preciso passar ao *dó,* oitava do primeiro grau, saltando o *si,* que daria uma sétima nota e um intervalo de um semitom.

Aqui está como se escreve a gama por tons:

Exemplo 44.   Exemplo 45.

Do ponto de vista harmônico, a gama por tons também arrasa a tonalidade. O acorde perfeito *dó-mi-sol* da música clássica torna-se, com efeito, *dó-mi-sol sustenido* (Ex. 45).

Em conseqüência, o intervalo de quinta, tão freqüentemente colocado como alicerce poderoso do sistema tonal, desaparece completamente. Sobre os seis graus da gama por tons, só se pode construir acordes muito semelhantes entre si, já que são feitos da superposição de duas terças maiores e não mais, como no modo de *dó*, de duas terças desiguais dando-nos acordes perfeitos, tanto maiores, como menores. A distância *dó-sol sustenido*, que não é uma quinta, toma o nome de *quinta aumentada*.

A quinta aumentada, difícil de manipular, é muito monótona quando empregada sistemática e exclusivamente nos graus da escala. Ela contribuiu muito para fazer perder a sensibilidade tonal nos músicos e mesmo no público [3].

---

3. Os *Prelúdios* de Debussy, e em particular o prelúdio *Voiles*, inteiramente sobre a gama por tons.

CAPÍTULO 5.

Stravinsky músico tonal.

Eis-nos, então, nos últimos anos do século XIX e nos primeiros do século XX, diante de uma música em que adquiriram direito de cidadania os três princípios de insubordinação destinados a destruir o sistema tonal, ainda que nenhum dos compositores que os introduziram desejasse claramente ver as coisas chegarem a esse ponto.

Vimos Richard Wagner instalar na Música uma espécie de cromatismo orgânico que não faz caso da hierarquia unificadora clássica e visa ordenar, numa unidade mais ampla, as tonalidades fugidias em que faz circular sua melodia contínua. É fácil compreender que, num sistema de escrita como esse, um acorde tomado ao acaso perde boa parte da sua função tonal. Em vez de dar margem às tensões apresentadas entre suas notas atrativas, em lugar de deixar essas tensões se resolverem no clima de uma tonalidade definida, ele é imediatamente posto a oscilar para uma outra tonalidade que não terá, por sua vez, nem uma vida mais longa, nem uma função mais precisa.

Estamos, portanto, diante de um material sonoro movediço, totalmente maleável, em grande parte esvaziado de sua ossatura, no qual apenas o gosto e a vontade do autor decidem sobre o encadeamento dos componentes do seu discurso. O que equivale a dizer que entre os doze sons que compõem nossa escala do Ocidente, nada mais a orienta para determinada seleção, de preferência a qualquer outra. Esta é a situação da qual, mais tarde, Schoenberg partirá para formular o sistema dodecafônico. Mas ainda não chegamos lá.

Por outro lado, vimos Debussy e alguns outros alargarem o sistema tonal pelo retorno aos modos medievais, orientais ou antigos, ou o comprometerem gravemente adicionando-lhe a gama por tons. Vimos, enfim, as agregações obtidas por superposição de terças afirmarem sua validade no seio de uma linguagem harmônica algo abalada em suas tradições, introduzindo-lhe notas estranhas à tonalidade do acorde que elas enriquecem.

Estamos, então, nos primeiros anos do século XX, e a desagregação do sistema tonal está evidentemente bastante avançada. Seria o caso de dizer que só nos resta agir e dar lugar ao desenvolvimento de uma fórmula sobressalente?

Será possível que se possa pensar que, se coloco agora em primeiro plano o nome de Igor Stravinsky — o nome de um homem que tem entre seus feitos, com a criação da *Sagração da Primavera* em 1913, um dos mais belos escândalos da História da Música — entro no núcleo da questão e que este pretenso revolucionário vai firmar-se em minha exposição como o grande destruidor das tradições agonizantes?

Em verdade, é exatamente o contrário. Se alguém salvou, *in extremis*, o sistema tonal da morte rápida de que parecia ameaçado desde os primeiros anos do século, foi o autor de *Petruchka* e da *Sagração da Primavera*.

De fato, antes de tentar fornecer algumas chaves para abordar a linguagem musical deste grande personagem, talvez tenha chegado o momento de lançar de passagem um raio de luz sobre os fatos que virão à tona na continuação deste estudo.

Logo nos primeiros anos do século, pode-se duvidar de que alguém tenha formulado claramente o postulado: *O sistema tonal agoniza, é preciso acabar com ele e colocar alguma coisa em seu lugar*. Parece que essa espécie de decomposição do sistema foi mais ou menos entrevista por todos. Alguns, como Vincent d'Indy, por exemplo, recusaram-se a levar isso em conta, agarrando-se vigorosamente às mais velhas tradições acadêmicas, prontos a chamar em seu socorro um folclore francês de vitalidade bastante frágil.

Outros, como Bartok, apoiando-se sobre um folclore, esse sim, bem vivo, tentaram a exploração dessa fonte abundante e a realização de um cromatismo de um gênero novo. Outros, como Milhaud e o primeiro Prokofiev, pensaram encontrar um princípio de renovação da linguagem naquilo que se chamou politonalidade... Outros, como Schoenberg, Berg e Webern, não viram outra direção a seguir a não ser aquela em que Wagner os havia colocado, conformando-se, assim, ao que lhes parecia uma fatalidade histórica da qual mais tarde tirariam as últimas conseqüências.

Outros, enfim, como Ravel, Roussel, mas sobretudo Stravinsky, consideraram que o sistema tonal tinha em si mesmo o princípio de sua permanência, sendo preciso acabar com o cromatismo desagregador e afirmar, ainda que violentamente, o poder vitorioso do diatonismo que exploraria em seu proveito todas as descobertas harmônicas desse início de século.

Stravinsky aparece, portanto, nesse período que foi o mais combativo de sua carreira e durante longos anos depois, como o defensor n.º 1 do sistema tonal. Pode-se mesmo dizer que talvez ele o seja mais resolutamente em sua obra de choque, a *Sagração da Primavera* ou na que a precedeu imediatamente, *Petruchka,* do que em suas primeiras obras como *Feu d'artifice,* o primeiro ato de *Rossignol,* ou mesmo em *O Pássaro de Fogo* onde, sob a influência de Debussy ou de Scriabin, aparecem ainda deliqüescências impressionistas e certo cromatismo. A linguagem harmônica do primeiro ato do *Rossignol* (16) é da mais encantadora poesia. Permanecemos numa atmosfera puramente debussiana. A sutileza harmônica da canção de ninar de *O Pássaro de Fogo* (17) não perde em nada para a do *Rossignol.*

Mas ao invés de nos contentarmos com textos em que o autor não é inteiramente ele mesmo, voltemo-nos, sem preparação, para a festa popular de *Petruchka* (18) em que se afirma um dos acordes perfeitos de *ré maior* mais insolentemente postos em evidência na música dessa época. Nenhuma nota estranha à tonalidade nesse complexo sonoro cujos três elementos orgânicos são simplesmente enriquecidos de detalhes no grau inferior ou no grau superior, segundo os casos. É verdade que em outros pontos da partitura pode-se assinalar certas durezas harmônicas mais escabrosas. Ouve-se mesmo uma figura sobre o acorde perfeito de *dó maior* ao mesmo tempo que uma outra sobre o acorde perfeito de *fá sustenido maior.* Eis o que isto produz:

Petruchka

Exemplo 46.

É muito picante, e isto é visto geralmente como uma sutileza voltada para esse gênero de escrita que chamamos politonalidade. Mas, de fato, o sentimento tonal dessa passagem e de todo o seu contexto permanece perfeitamente claro.

Voltemo-nos agora para a *Sagração da Primavera* (19), que passou por ser o máximo da dureza harmônica e do atentado a todos os valores estabelecidos, é claro, portanto, ao sistema tonal. Hoje, quem olha um pouco de perto essa grande obra clássica surpreende-se pelo fato de ela ter provocado um tal escândalo. As razões do escândalo nós as extrairemos do exame que faremos dela. Um exame, é preciso acrescentar, extremamente superficial. Não é preciso dizer que o que se pôde aprender nestas páginas sobre os mistérios da sintaxe musical não seria suficiente para guiar o leitor numa análise da *Sagração da Primavera*. Tentaremos aqui apenas uma

A Sagração da primavera

iniciação sumária à linguagem falada por Stravinsky nessa obra, e não se pode realizar melhor esta tarefa do que mostrando a que ponto esta linguagem se insere numa grande tradição que ela enriquece mais do que desarranja.

Explicamos longamente, no começo deste livro, a diferença que havia entre o diatonismo e o cromatismo. Sabe-se, então, que uma música profundamente diatônica pode perfeitamente conter um cromatismo bastante desenvolvido, desde que ela o submeta às suas leis, forçando-o a respeitar a polarização tonal e os princípios hierárquicos que lhe dão sentido.

Pois bem, a música de Stravinsky é profunda e muito voluntariamente diatônica. É diatônica em seu procedimento melódico e em sua harmonia, mesmo quando essa harmonia se permite agregar os sons mais desencontrados na aparência, mas dando-se bem no conjunto.

Vamos examinar algumas páginas da partitura da *Sagração* tirando daí um pequeno número de seus principais temas. Nós os identificaremos em sua nudez e, em relação a alguns deles, nos esforçaremos por fazer uma pequena idéia da roupagem harmônica com a qual o autor os revestiu.

A obra começa com uma frase de fagote no extremo agudo... uma frase insistente, de uma rítmica extremamente complexa, que vai e volta, sem jamais se repetir de fato, e à qual se mistura uma figura cromática dos clarinetes.

Exemplo 47.

Outros elementos temáticos intervêm em seguida. Este aqui, que se escuta pela primeira vez no corne inglês:

Exemplo 48.

Em seguida, este motivo novo, confiado ao oboé, que enumera as três notas de um acorde perfeito sobre uma tônica do *dó sustenido,* mas acordes alternadamente maiores e menores. Enfim, esta espécie de apelo no clarinete em mi bemol (requinta):

Oboé

Clarinete em mi bemol   Exemplo 49.

Todos estes motivos se roçam, se tocam, se misturam, se superpõem, imbricam-se uns nos outros, ampliando-se a polifonia cada vez mais, até juntá-los todos ao mesmo tempo num *tutti* bruscamente interrompido para deixar o fagote retomar, sozinho, a melopéia do início. Todos estes temas são rigorosamente diatônicos, com exceção daquele em que assinalei o cromatismo.

Esta introdução é tão importante para a compreensão dos procedimentos e do estilo de Stravinsky que, se o leitor tiver possibilidade, seria aconselhável ouvi-la imediatamente com orquestra.

estilo e harmonia de Stravinsky

Com o trecho seguinte começa a aparecer o aspecto desta música que tão fortemente indispôs uma parte de seu primeiro público, e que é muito menos a agressividade de sua harmonia do que a agressividade de seu estilo: uma espécie de brutalidade primitiva que, manipulando agregações sonoras um pouco mais dissonantes do que as usadas comumente na época, em lugar de nos envolver traiçoeiramente, de nos fazer perder em seus reflexos irisados, nos é lançada ao rosto, martela-nos o tímpano, onde cada novo transe aproveita-se do abalo que nos produziu o precedente e nos prepara para o que virá em seguida.

O acorde que nos lança bruscamente no trecho intitulado *Os Augúrios Primaveris* em si mesmo não tem nada de tão chocante. De fato, é a soma de dois acordes muito simples:

Exemplo 50.

Não se poderia obter esta associação de notas pelo procedimento das terças superpostas sobre o qual teorizamos longamente. Mas há afinidades suficientes entre elas para que se possa uni-las em disposições agradáveis ao ouvido. O que o autor deseja é um efeito de percussão obtido por um ataque incansavelmente repetido de todo o quarteto de cordas; adotou, então, uma disposição compacta no grave, que dá isto:

Exemplo 51.

Esta sucessão de impactos é reforçada de quando em quando por acentuações muito violentas, distribuídas pelo músico no interior dessa métrica elementar, para introduzir nela um ritmo que a contraria.

Dissemos que esta harmonia de base é feita de dois acordes tendo cada um uma orientação tonal determinada, mas uma não é igual à outra. E eis que vão intervir elementos temáticos curtos e surpreendentes que escolhem suas notas neste material harmônico de tal modo que delimitam por isso mesmo sua significação. A tonalidade estava como que em suspenso. Eles operam sua catálise.

Eis um destes elementos. Não é um tema, é principalmente um marcar passo obstinado, superposição de três tonalidades diferentes:

Exemplo 52.

Eis um outro deles que é nitidamente um tema:

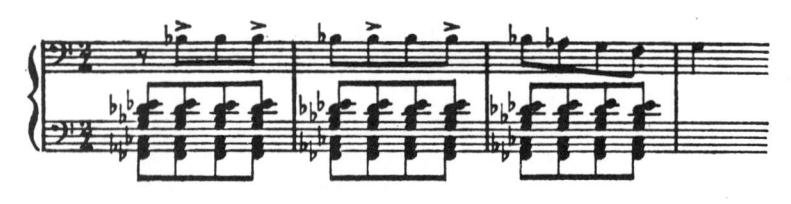

Exemplo 53.

Aqui está um terceiro, também sempre diatônico:

Exemplo 54.

Um quarto:

Exemplo 55.

E tudo isso acaba por se reunir numa harmonia completamente tonal que polariza todos os elementos diferentes e permite a sua superposição.

Retomaremos dois ou três exemplos em outras partes da obra. A *Ronda Primaveril* começa por uma melodia desacompanhada, a não ser por uma única nota sustentada no agudo do violino (chama-se a isso um pedal). Eis a melodia:

Exemplo 56.

Esta melodia é evidentemente modal. Não pertence ao modo de *dó* nem ao seu relativo menor, mas ao modo de *ré*, um dos modos do cantochão medieval. Estamos, então, se se quiser, em *mi bemol menor*, mas no modo de *ré*. É verdade que, terminando a melodia sobre o *fá*, uma outra interpretação modal poderia parecer possível. Mas este *fá* parece ser apenas uma conclusão reticente, como o confirma a harmonia que se segue e que instala a tônica de *mi bemol*:

Exemplo 57.

Ainda neste trecho, vamos reencontrar uma das características de Stravinsky, que é a da insistência. Agora que ele possui esta fórmula harmônica e rítmica, não a abandonará mais. E, diante disso, o que irá fazer? Bem, diante disso, vai acumular. Pois Stravinsky quase não pratica o desenvolvimento discursivo segundo o método clássico. Ele repete superpondo, acumulando sem cessar materiais novos. E depois, no momento em que se acabaria quase por não agüentar mais, pára bruscamente e passa a outra coisa.

Neste trecho, muito significativo pela simplicidade inicial da harmonia, o acúmulo acabará por produzir agregações de sons que poderiam parecer quase cruelmente dissonantes se não estivessem tão poderosamente justificadas pela base.

Para tomar agora um exemplo numa das raras passagens a respeito das quais se poderia ser tentado a pronunciar a palavra ternura — palavra que, aliás, Stravinsky recusaria violentamente — aqui está o tema extremamente simples e perfeitamente diatônico que circula através de todo o prelúdio da segunda parte:

Exemplo 58.

Aqui está agora uma das combinações harmônicas com as quais Stravinsky apresenta este tema:

Exemplo 59.

Eis outra sobre a qual insistiremos porque ela esclarece um dos procedimentos típicos da escrita do autor. Ele afirma uma tonalidade formulada muito claramente, mas cria, no interior dessa tonalidade, uma ambigüidade entre o maior e o menor:

Exemplo 60.

De fato, a palavra "ambigüidade" não explica exatamente o fenômeno. Ela deixa supor que temos possibilidade de escolher. Na realidade, não estamos nem em maior, nem em menor. Estamos em *maior-menor*. É uma nova ordem modal onde se faz a síntese dos dois elementos. Este modo maior-menor encontra-se em todos os meandros da *Sagração*.

Haveria muitos outros procedimentos a desmontar se este fosse um manual técnico e não apenas uma tímida iniciação a uma linguagem complexa e erudita. Em todo caso, o que se pode dizer, *grosso modo,* é que as combinações harmônicas mais aparentemente agressivas de Stravinsky reduzem-se todas a evoluções mais ou menos audaciosas em torno de um pólo fortemente atrativo. Há sempre um pólo tonal formulado abertamente, ou passageiramente implícito, em torno do qual elementos mais ou menos estranhos circulam, tocam-se ou entrechocam-se, voltam à ordem após dela ter saído e tudo isso se liga, afinal, e de maneira constante, ao domínio da gravitação.

Que isso fosse novo para a época, certo. Mas nem tanto. Verdadeiramente novas eram menos todas essas combinações harmônicas em si do que o uso que era feito delas, a violência com a qual eram desferidas, através da massa enorme que lhes dava sua riqueza e sua verticalidade. Isso tudo caía como golpes de machado sobre a aristocracia traumatizada. E depois, havia a novidade essencial de que ainda não falamos. É no domínio do ritmo que Stravinsky transportava seu público para uma terra desconhecida.

o ritmo em Stravinsky

Qualquer que tenha sido a fertilidade de invenção que os músicos clássicos e românticos tenham podido mostrar na divisão da duração em valores determinados, até então eles haviam permanecido fiéis a simetrias que o uso esporádico, muito tímido, aliás, de ritmos de cinco ou de sete tempos, pouco perturbava. De fato, toda a música clássica é redutível a uma oscilação entre o binário e o ternário. Isto é, a uma divisão do tempo em valores iguais, agrupados em números pares ou ímpares. Dizia-se: a semibreve vale duas mínimas, quatro semínimas, oito colcheias, dezesseis semicolcheias etc. A barra do compasso delimita um certo trajeto e, de uma barra para outra, cria-se muito artificialmente entidades rítmicas que contêm um número de subdivisões fixadas previamente em dois, em três ou em quatro, podendo cada uma delas igualmente se subdividir em dois, três, quatro, cinco (raramente), seis, sete (mais raramente ainda), oito, nove. Isto é (com exceção de cinco e sete), múltiplos de dois ou de três.

A complexidade rítmica de Stravinsky escapa totalmente à influência que o uso destas barreiras exerceu sobre o pensamento dos compositores que o precederam na História. Já disse que ele usava muito a repetição de elementos temáticos e rítmicos. (Aliás, esta divisão em temático e rítmico é mais artificial em relação a ele do que em relação a qualquer outro. Melhor dizer elementos rítmico-temáticos.)

Mas esta repetição jamais é idêntica. Tomemos por exemplo este grupo de dez notas várias vezes repetidas com duas interrupções rigorosamente medidas. O grupo de dez notas:

Exemplo 61.

Como são divididas:

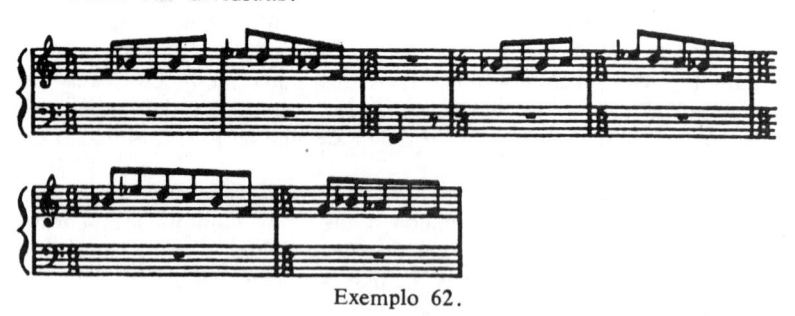

Exemplo 62.

Passamos de um compasso de três tempos para um compasso de dois, depois, de cinco tempos, e sucessivamente de três, de quatro, de cinco, de seis, e de cinco tempos.

Toda a continuidade melódica da *Sagração* pode ser analisada segundo esquemas deste gênero. Mas como cada um dos diversos elementos temáticos que, em seu desenvolvimento, é levado a se combinar com o outro, é dotado de uma individualidade muito complexa e muito pronunciada, resultará em seus entrechoques uma polirritmia de perspectivas vertiginosas. E é isto que, com a violência do estilo, passou em 1913 por sobre a cabeça dos espectadores do Teatro dos Champs-Elysées. E é disso que, no fundo, a Música ainda não se recuperou, mesmo em nossos dias.

Certamente, não devemos fazer um histórico da produção de Stravinsky, já que nosso tema não é a obra deste ou daquele, mas a linguagem usada por ele e pela qual é preciso passar para penetrar em sua intimidade. Entretanto, a linguagem da *Sagração* não é suficiente para nos dar acesso ao conjunto da música deste autor. Ele mudou muitas vezes, durante sua vida, de estilo e mesmo de linguagem. Pelo menos em aparência.

Na realidade, se a personalidade criadora de Stravinsky imprime com sua marca tudo o que sai de sua pena, mesmo quando ele toma de empréstimo a Pergolese, a Bach, a Rossini ou a Tchaikóvski uma parte de seus elementos temáticos, encontram-se por toda parte não apenas os traços de um temperamento único no mundo, mas uma mesma maneira de tratar a matéria musical. Nada muda quando Stravinsky decide, como no *Oedipus Rex,* escrever acordes perfeitos, já que ele sempre os empregou, mesmo na *Sagração*. Acordes perfeitos dos quais pendiam, muitas vezes, cachos de sons anexos e dissonantes, perfeitamente lógicos, aliás, mas cuja significação tonal se mantinha, dura e precisa, sob as mais estrondosas harmonias.

Em todo o seu período chamado clássico — ainda que a *Sagração* seja pouco menos clássica que o *Apollon Musagète* (21) ou *Pulcinella* (22) — reencontramos esses mesmos processos de desenvolvimento incisivo, através de repetições que jamais se repetem na verdade, essas mudanças bruscas de planos e de idéias, essas mesmas disposições assimétricas em que se vê evoluírem, cada um por sua própria conta, motivos rítmicos-melódicos cujos acentos jamais coincidem.

Reencontramos também essas distribuições nas quais um elemento polarizador poderosamente tonal aclara e unifica os sons anexos, muitas vezes sistematicamente escolhidos entre aqueles cuja presença pareceria mais insólita.

Reencontramos ainda certas defasagens de origem rítmica entre os elementos constitutivos de suas harmonias, especialmente entre a fundamental e o resto do acorde, que produzem instabilidades surpreendentes e muitas vezes bastante felizes. Por exemplo, no começo de *Mavra* (23).

Mas vemos todos esses procedimentos, todo esse vocabulário, essas formas de seu pensamento e de sua escrita, realizados com uma economia de meios inteiramente nova. As orgias de sonoridades a que nos convidava a gigantesca orquestra da *Sagração,* com suas oito trompas, seus cinco trompetes, suas vinte madeiras, tudo isso vai dar lugar a formações muitas vezes reduzidas: os quatro pianos e alguns instrumentos de percussão que sustentam o coro de *Noces* (Bodas) (24), a orquestra de cordas do *Apollon Musagète,* a orquestra sem violinos nem violas da *Sinfonia dos Salmos* (25) etc.

É interessante ver o que produz a sensibilidade e a imaginação do autor da *Sagração* quando trabalha com meios algumas vezes extremamente reduzidos. É por isso que uma partitura como a

História do Soldado (26) reveste-se de uma importância toda particular. Passamos de uns cento e dez músicos necessários para uma execução brilhante da *Sagração* a sete músicos. E a escolha dos instrumentos é muito significativa. Um clarinete, um fagote, uma corneta com pistões (parente pobre, um pouco circense, do trompete), um trombone, um violino, um contrabaixo e um baterista que manipula diversos instrumentos de percussão.

O violino é obrigatório, sendo, no tema da obra, como se poderia dizer, o personagem principal (ele representa a alma do Soldado comprada pelo Diabo). É o único instrumento com papel expressivo. Os outros, em seu caminhar individual e em seus encontros, são tratados com uma fria secura. O ritmo, que reina quase do início ao fim da partitura, dá-lhes uma vida intensa e realça vigorosamente seu caráter.

A acidez da escrita harmônica de Stravinsky também desempenha seu papel no estilo inquietante, algumas vezes quase irritante, dessa obra única e envolvente em que não há menos gênio que em seus mais magistrais triunfos. Mas algumas vezes é preciso vencer uma primeira reticência diante da crueza de certas passagens, por exemplo, do coral, com a irracionalidade de seus encadeamentos harmônicos. Essas alterações que ele introduz (o *sustenido* colocado diante de certas notas parecendo dar ao acorde ouvido uma função precisa) são desmentidas pelo acorde seguinte, não sem alguma violência para o ouvido que não se esqueceu das regras clássicas.

Em contrapartida, a plenitude harmônica de uma página como o *Aleluia* da *Sinfonia dos Salmos* atinge a majestade, a espiritualidade mais sublime. Ela reproduz, aliás, do ponto de vista do trabalho harmônico, os procedimentos que já reconhecemos em Stravinsky, isto é, uma forte polarização tonal, devida aqui, principalmente, ao movimento da fundamental, um *ostinato* sobre dois intervalos de quarta.

Sabe-se qual é a força de uma fundamental assim estabelecida sobre estes três graus privilegiados. Ela permite às linhas melódicas — que evoluem todas num registro bastante estreito — deslizar docemente umas sobre as outras, aglomerando-se às vezes em formações extremamente cerradas e sempre luminosas, naturalmente resultantes do movimento de cada uma delas.

Com certeza, haveria muito mais a dizer sobre Stravinsky. Mas agora precisamos deixá-lo, não sem mencionar sua rejeição, numa idade avançada, da música tonal pela qual havia lutado durante a maior parte de sua existência. A música atonal que ele escreve há uns dez anos * não marca nenhum enfraquecimento de seu gênio criador. Mas não acrescenta nada de essencial ao que outros produziram antes dele e que examinaremos posteriormente.

* Este livro foi escrito em 1967. (N. do T.)

CAPÍTULO 6.

A politonalidade.

Agora já conhecemos a reação de Stravinsky à crise do sistema tonal. E, ao menos até estes últimos anos, uma afirmação vigorosa da vitalidade do sistema, na medida em que nele é integrado um grande número de elementos cujas veleidades de independência são brutalmente destruídas e submetidas à sua vontade de poder.

Começaremos este capítulo examinando uma outra das soluções propostas a essa mesma crise por outros músicos; esta solução é a da chamada politonalidade.

Lembramos que, ao analisar certos acordes complexos como os acordes de *décima terceira,* percebemos nessas agregações notas que já não pertenciam à tonalidade desses acordes. No acorde de *décima terceira,* abaixo, que é uma extensão do acorde de *sétima* de dominante tendo um *sol* no grave (pertencendo, portanto, em princípio, ao tom de *dó maior*), podemos isolar os três sons marcados com uma cruz que são apenas a primeira inversão do acorde de *ré bemol maior.* É suficiente chamar o *dó sustenido* de *ré bemol,* estas duas notas se confundindo no sistema temperado.

caráter bitonal de certas agregações de décima terceira

Exemplo 63

Fica claro, então, que esses acordes pertencentes a tonalidades diferentes podem, sendo convenientemente escolhidos, associar-se de maneira muito feliz. A partir daí pode-se perguntar se não há entre certas tonalidades diferentes afinidades particulares, de maneira que, ao escolher duas delas que correspondesse a esta definição, seria possível tratar tonalmente cada uma delas no interior de uma polifonia onde seriam ouvidas simultaneamente. Esse é o princípio da politonalidade.

Há um embrião disso no breve apelo de dois trompetes tirado de *Petruchka,* citado no capítulo anterior.

Para tomar consciência daquilo que pode ser produzido por uma mistura muito elementar de duas tonalidades diferentes, efe-

associação de duas tonalidades nas Saudades **de Darius Milhaud**

tuaremos uma pequena experiência. Eis um movimento muito simples nos graves:

Exemplo 64.

É uma figura de acompanhamento que não levanta nenhum problema. Estamos em *sol maior* e ouvimos sucessivamente os três sons do acorde perfeito de *sol maior,* e da mesma maneira, o acorde de *sétima de dominante* em sua segunda inversão. Não se poderia formular mais claramente uma tonalidade.

Aqui está agora uma melodia que harmonizaremos muito sumariamente com um simples acorde de tônica e um de dominante. Estamos em *ré maior:*

Exemplo 65.

Agora, esqueçamos o que acabamos de ler ou de ouvir e escutemos com um ouvido novo esta música:

Exemplo 66.

Acompanhamos em *sol maior* uma melodia em *ré maior* e, ao fazer isso, reconstituímos o início da primeira *Saudade do Brasil* de Darius Milhaud. Quem quiser familiarizar seu ouvido com as combinações harmônicas próprias deste procedimento encontrará toda uma amostragem delas, ao mesmo tempo muito simples e particularmente musical, em toda esta suíte de *Saudades,* de Darius Milhaud (27).

A politonalidade pareceu ser, por um momento, entre as duas guerras, uma técnica rica de um belo futuro. Darius Milhaud é um dos músicos que ilustrou da maneira mais feliz as suas possibilidades. Mas não é o único. Na época em que morava em Paris, Prokofiev, que então escrevia uma música bastante audaciosa, entregou-se a um estudo metódico desta técnica de escrita. Ele fez disso uma aplicação que se pode considerar exaustiva na sua *Segunda Sinfonia* (28).

É preciso dizer que essa obra, extremamente complexa, é de acesso bastante difícil. Não tentarei estudá-la aqui. Seria impossível ser bem sucedido sem apelar para uma técnica muito acima da que podemos nos permitir. Mas toda pessoa curiosa de tomar conhecimento dessa obra difícil há de ter interesse em abordá-la por seu segundo movimento, mais fácil de seguir através das diversas variações politonais propostas pelo autor, a partir de um tema inicial definido muito claramente.

As variações têm aspectos muito diferentes, a fantasia desta corrigindo a austeridade daquela. Enfim, o retorno do tema à sua forma primeira, no final, pode em certa medida esclarecer retrospectivamente as passagens mais árduas.

CAPÍTULO 7.

Bartok, o cromatismo expressivo.

A politonalidade parecia abrir perspectivas muito ricas para a Música, entre as duas guerras. O vento mudou e, sem ter dado tudo o que se poderia esperar dela, a politonalidade deixou de ser, no momento pelo menos, uma técnica atual. Voltemos nossa atenção, portanto, para outra coisa.

Até aqui tratamos de músicos para os quais a invenção do cromatismo não apareceu como uma fatalidade inevitável e que se incumbiram, assim mesmo de maneira bastante vitoriosa, de mostrar que a música diatônica ainda tinha muito a dizer e que não tinha nenhuma razão para se retrair diante da sua jovem rival. Chegaremos agora a músicos prontos a salvar o salvável.

Bela Bartok é um compositor para quem o cromatismo representa o modo de expressão mais adequado para o que ele tem a dizer. Com ele começamos a ver aparecer o princípio de um certo direito, por parte de cada um dos doze sons da escala, de tomar parte, organicamente, no grande jogo musical. Mas não se trata de um nivelamento. Não há uma inversão brutal do antigo regime e não se manda à forca os seus aristocratas*: tônica, dominante e subdominante. Outras mãos hão de se encarregar da operação, como logo veremos.

cromatismo de Bartok

Em Bartok há, sobretudo, coexistência pacífica entre um diatonismo modal muito amplo e um cromatismo organizado segundo métodos que foram, de sua parte, objeto de uma pesquisa extremamente complexa e meticulosa. Ele encontrou a justificação disso em sua descoberta de uma grande tradição musical, completamente estranha às regras clássicas, a de um folclore ainda bem vivo e de uma riqueza tão fabulosa que a existência inteira de vários pesquisadores do calibre de um Bartok, de Kodaly e de Lajtha não bastou para inventariá-lo.

o folclore húngaro

É preciso compreender bem que não temos, na França, nenhuma idéia do que é folclore. Muitos séculos de civilização ensinaram-nos a ouvir segundo os modos da música erudita, e não é

---

* O autor faz, aqui, referência ao refrão revolucionário do *Ça ira*, durante a Revolução Francesa, que exigia que os aristocratas apontados pelo furor popular fossem enforcados nas cordas dos lampiões de rua. (N. do T.)

quando cantamos para nossos filhos *Malborough s'en va-t-en guerre* ou *Nous n'irons plus aux bois* que lhes transmitimos folclore. Para reencontrar os traços de um autêntico folclore francês, seria preciso poder remontar ao século XII ou ao XIII, mas esta é uma tradição que quase não sobreviveu a tantos séculos de cultura clássica. O povo húngaro não esqueceu sua tradição ou, pelo menos, ainda não. Isto virá, mas o tesouro está salvo.

Bartok foi, então, procurar nos vilarejos mais recuados de seu país natal a seiva nutridora de uma linguagem que pudesse responder à necessidade de renovação da nossa música envelhecida, sem recusar nada do que o gênio de tantas gerações desaparecidas deixava-lhe como herança. Sobre essa pesquisa e as razões dela, Bartok explicou-se, ele mesmo, várias vezes. Vamos dar-lhe a palavra: "O início do século XX marca um momento decisivo na história da música contemporânea. Os excessos do pós-Romantismo tornaram-se intoleráveis. Para certos compositores conscientes da impossibilidade de seguir este caminho, a única solução era fazer uma viravolta".

Sobre a música camponesa, ele assim se expressa: "Ela oferece as formas mais perfeitas e mais variadas. Dispõe de um poder de expressão admirável. É isenta de todo sentimentalismo, de toda fioritura inútil. Simples e às vezes primitiva, ela jamais é simplista. Não se pode imaginar melhor ponto de partida para um renascimento musical". Isto no que se refere ao estilo. Quanto à linguagem: "Se examinamos as próprias melodias, encontramos na música da Europa Oriental uma variedade inacreditável de linhas melódicas e de gamas. As mais diversas gamas (dórica, frígia, mixolídia, eólia) têm aí uma vida intensa".

Bartok fala aqui dos modos medievais ou antigos de que tratamos freqüentemente neste estudo. "Mas, acrescenta, lá também encontraremos gamas de caráter oriental (de segunda aumentada) e mesmo certas variantes pentatônicas [1]."

E agora, o que é extremamente importante para a compreensão da linguagem de Bartok: "Na maioria desses modos musicais, a quinta não tem a importância dominante que tem nas gamas maiores e menores. Este fato tem uma grande importância para nossos métodos de harmonização. A influência recíproca da tônica e da dominante, à qual a velha música tanto nos habituou, perde aqui muito de sua soberania".

Aí está um ponto de vista novo, muito diferente do de Stravinsky que, como vimos, apóia de bom grado suas mais audaciosas agregações sobre a relação sólida da tônica-dominante. "A sétima menor da gama tem um caráter consonante, sobretudo nas melodias

---

1. Sobre as gamas pentatônicas, ver p. 47.

pentatônicas. É sob o efeito deste fenômeno que, desde 1905, terminei uma das minhas obras em *fá sustenido menor* pelo acorde de *fá sustenido, lá, dó sustenido, mi* [2]."

Esta harmonia já não assusta ninguém, naturalmente. Mas não era corrente em 1905 considerar este acorde como definitivamente consonante a ponto de lhe conferir um caráter conclusivo. Bartok nota, além disso, que: "Quanto mais uma canção é primitiva, mais sua harmonização e seu acompanhamento podem ser peculiares. Tomemos uma canção sobre duas notas vizinhas (elas são numerosas na música camponesa árabe). É evidente que esses dois graus admitem uma liberdade muito maior para a composição do acompanhamento do que se a canção variasse sobre quatro graus ou mais".

Se esta evidência não parece gritante ao leitor, eu me permitirei acrescentar que duas notas isoladas dificilmente podem dar por si mesmas um sentido harmônico determinado, enquanto que três ou quatro formam um complexo que nos orienta, por si mesmo, para uma interpretação mais ou menos obrigatória.

"Nada, diz ainda Bartok, nada nessas melodias primitivas indica uma ligação estereotipada dos acordes perfeitos. Esta ausência não é nada mais que a de certas restrições, e esta ausência de restrições permite iluminar estas canções com a maior diversidade, graças aos acordes de tons diferentes e, algumas vezes, opostos. Ousaria afirmar que é esta possibilidade que explica o aparecimento da politonalidade na música húngara e na música de Stravinsky."

livre harmonização do folclore

Em suma, depreende-se destas declarações que Bartok encontra no folclore húngaro, romeno ou de outros países do Oriente: 1) um material modal que o libera do maior e do menor da música clássica; 2) uma libertação da delimitação tonal causada pela oscilação da tônica e da dominante, portanto, um enfraquecimento da hierarquia rigorosa do sistema tonal; 3) uma possível evasão, no próprio interior de um curto fragmento musical, das coerções de uma tonalidade determinada, sendo que o acompanhamento mais adequado e mais expressivo justifica os empréstimos de harmonias estranhas ao tom.

É fácil ver que tudo isso leva ao uso constante e rigorosamente legal, justificável, ao nível lógico e artístico, de uma linguagem cromática (29 e 30). Contudo, Bartok jamais dará o passo que o conduziria a uma música atonal. Declarou isso muitas vezes, principalmente nestes termos: "Nossa música popular é, naturalmente, exclusivamente tonal, mesmo se nem sempre no sentido

---

2. Notemos que Bartok considera como consonante a sétima menor. No exemplo citado por ele, a sétima maior tornaria o acorde muito mais duro: *fá sustenido, lá, dó sustenido, mi sustenido.*

da tonalidade pura dos maiores e menores (uma música popular atonal parece-me inconcebível)".

"Como nossa atividade baseia-se na música tonal, é evidente que nossas obras são de caráter nitidamente tonal. É verdade que, durante certo tempo, aproximei-me de uma espécie de música de doze sons (Bartok fala aqui do que chamamos dodecafonismo), mas mesmo minhas obras desse período são decididamente fundadas sobre a tonalidade. Este é o seu caráter indiscutível."

visões sumárias da técnica de Bartok

Bem estabelecido isso, como Bartok adaptou sua linguagem musical a essa dupla tendência, que se não é contraditória, pelo menos corre o risco de se tornar? Existe uma espécie de complementaridade entre os modos diatônicos, de que ele encontrou os elementos na música popular, e o sistema cromático, sobre o qual refletiu longamente, experimentando suas leis.

O modo diatônico que ele emprega com maior agrado não pertence aos nossos catálogos. É sobretudo um cruzamento de dois modos medievais, e é o fato de tomar por empréstimo, a cada um deles, as suas mais surpreendentes características, que lhe confere sua grande beleza. Este modo, por suas quatro primeiras notas, pertence ao modo de *fá,* ao modo hipolídio, modo extremamente marcante por causa da concentração dos três grandes tons inteiros que apresenta entre os quatro primeiros graus, o que lhe dá uma grande força ascendente. Mas o modo bartokiano abandona o modo lídio nos seus dois últimos intervalos, suprimindo a nota sensível — de que já falamos bastante — a qual, por estar muito próxima da oitava da tônica, em um semitom, é violentamente atraída para ela.

Bartok elimina esta atração abaixando a nota sensível em um semitom, isto é, dotando-a de um bemol. Assim, sua gama termina com o modo de *ré,* modo frígio — oitavo modo do cantochão medieval — numa atmosfera menor que contrasta com o supermaior evocado pelos grandes intervalos dos quatro primeiros graus:

Exemplo 67.

Em seus aspectos cromáticos, o sistema harmônico de Bartok está baseado sobre um princípio de um tecnicismo tão grande que é impossível torná-lo inteligível sem usar aqui o jargão profissional que nos proibimos por princípio.

Esse sistema estabelece, por uma demonstração lógica, certos parentescos funcionais entre tonalidades diferentes e aparentemente bastante afastadas umas das outras.

Se parto da tonalidade de *dó maior,* que não tem nem sustenido nem bemol, a tonalidade que lhe está associada, segundo o sistema, é a de *fá sustenido maior,* da qual seis notas são marcadas com sustenidos. Por outro lado, os mesmos raciocínios aplicados ao tom relativo de *dó maior,* isto é, de *lá menor,* permitem estabelecer uma relação análoga com o tom de *mi bemol menor* (do qual seis notas são marcadas com bemóis).

Estas quatro tonalidades tornam-se, desde então, um mundo fechado, formam uma espécie de supratonalidade que envolve todas as quatro, uma supratonalidade de que todos os elementos são intercambiáveis. Segundo as sinuosidades que o músico pretende descrever com suas linhas melódicas, segundo as cores cambiantes com as quais quer iluminá-las, substituirá um acorde sem alteração por um outro repentinamente carregado de quatro sustenidos, sem romper uma unidade que pode finalmente envolver todos os sons da gama cromática.

Uma outra chave da linguagem de Bartok, muito mais secreta, reside na utilização que faz da secção áurea, não apenas na estrutura interna de suas obras, mas mesmo em sua maneira de estabelecer sucessões de intervalos extremamente sutis, de que sua música traz a marca. Esta mesma atitude pode ser reconhecida na constituição de sua linguagem harmônica cuja base é o acorde maior-menor (aqui reencontramos uma das características da téctipo tais como esta (Ex. 69):

Partindo desta harmonia considerada como consonante, um procedimento que evitarei detalhar leva-nos a certas agregações-tipo tais como esta (Ex. 69):

Exemplo 68.   Exemplo 69.

Não digamos mais nada sobre isso.

Seria necessário ainda estudar a rítmica de Bartok que é, talvez, a mais original de seu tempo, juntamente com a de Stravinsky. Ele certamente recolheu sua tradição da boca de camponeses que, ignorando a barra de compasso e as divisões binárias e ternárias e do academicismo ocidental, sempre lhe cantaram melodias impossíveis de prender nas malhas da nossa pobre notação escolar.

Daí a complexidade de sua escrita rítmica e seu uso de tempos desiguais. O que significa dizer: ao considerarmos que cada subdivisão do compasso — a que chamamos de *tempo* — tem exatamente a mesma duração das subdivisões vizinhas, e que o que aí se coloca deve curvar-se à regra, no caso de Bartok, ao contrário, o que se deseja nelas colocar é que impõe sua duração ao tempo.

Se, em dois tempos vizinhos, um contém quatro semicolcheias, e o tempo mais próximo deve conter seis delas, pois bem, o tempo vizinho será alongado em um terço. Naturalmente, isto não facilita o trabalho do regente. Mas os regentes, em nossos dias, viram muitos outros casos como este.

CAPÍTULO 8.

O sistema modal e as pesquisas rítmicas de Olivier Messiaen.

Eis agora um desses líderes que, às vésperas da última guerra, propuseram sua fórmula pessoal para arrancar a Música do estado de crise em que a desintegração do sistema tonal a havia colocado. Trata-se de Olivier Messiaen e será ainda mais difícil falar dele que de Bartok, de tal forma a complexidade de sua linguagem, de seu estilo e de seus procedimentos desencoraja toda tentativa de explicação para uso de amadores.

Messiaen, além do mais, não é um destruidor de ídolos. Ele não rejeita nada da herança do passado e saúda a melodia como o mais nobre elemento da Música. Mas, é claro, não trata a melodia segundo as fórmulas da música clássica e do balanço tônica-dominante de que ela era acompanhada. Introduz nela intervalos proscritos pelos velhos tratados e, entre outros, este intervalo tão duvidoso que se chamava outrora: *Diabolus in musica,* intervalo feito da soma de três tons inteiros e que, por essa razão, se chama: *trítono*. Ele é maior que a quarta e menor que a quinta. Por isso, em nosso sistema temperado é ainda chamado, conforme o caso, de *quarta aumentada* ou *quinta diminuída*.

quarta aumentada   quinta diminuída
No sistema temperado, o intervalo é o mesmo, mas não a função harmônica.

Exemplo 70.

Messiaen tem predileção pelas quedas melódicas sobre este intervalo e considera que há entre a tônica, ou primeiro grau, e o quarto grau — elevado em um semitom de maneira a formar uma quarta aumentada ou *trítono* — uma forte atração que leva à sua resolução desta maneira:

Exemplo 71.

isto é, sobre a tônica.

modos de transposições limitadas

Os intervalos insólitos freqüentes nas linhas melódicas de Messiaen provêm, antes de tudo, do uso de escalas muito particulares que constituem sua matéria-prima. Pois, é claro, por mais respeito que tenha à tradição, Messiaen, como muitos outros, guarda distância dos modos maior e menor clássicos. Mas não é nem nos modos medievais, nem, como Bartok, no folclore, que ele vai buscar seu material. Ele organizou todo um catálogo modal, bastante original e novo, que chama de modos *de transposições limitadas*.

Isto exige uma explicação. Creio ter desmontado suficientemente o sistema tonal nos capítulos anteriores para não ter que voltar à definição de modo e de tonalidade [1].

Abandonemos, portanto, o modo de *dó* e tomemos um desses modos que a música moderna valorizou, por exemplo, esse famoso modo de que falamos, a respeito de Debussy, sob o nome de gama por tons. Esta gama que só contém seis notas no interior da oitava e que as dispõe, todas, a intervalos de um tom umas das outras.

Lembremos que a escala cromática é feita de doze sons com intervalos de um semitom entre si. Temos, então, numa gama por tons começada sobre o *dó*, exatamente a metade dos sons da escala cromática. Se parto de *dó sustenido*, a gama por tons vai dar-me a outra metade. E se parto de *ré*, vou recair sobre a primeira, isto é, exatamente sobre os mesmos sons que encontrava partindo de *dó*.

Aí está, portanto, um modo cujas possibilidades de transposição limitam-se a duas. É um modo de transposições limitadas.

Estudando metodicamente todas as combinações de intervalos que podem ser realizadas dentro da oitava, Messiaen descobriu que havia exatamente sete sucessões de intervalos — sete modos, portanto — cujas transposições eram possíveis apenas para um certo número de graus de escala. A partir daí, as transposições dão sempre as mesmas notas que as tonalidades iniciais. Este número de transposições varia conforme os modos. Vimos que a gama por tons era transponível apenas uma vez. Outras são três vezes, outras quatro, outras seis.

Sendo assim, por que essa predileção de Messiaen por esses modos? Ela resulta do que ele chama de o fascínio das impossibilidades, fascínio que reside particularmente em certas impossibilidades matemáticas dos domínios modal e rítmico. Além disso, estes modos estão simultaneamente na atmosfera de várias tonalidades, e isto sem politonalidade, sendo o compositor livre para dar realce a uma das tonalidades ou para deixar a impressão tonal flutuante.

1. Ver cap. 2.

Aqui está, por exemplo, uma passagem em que o modo empregado, do começo ao fim, deixa supor tanto a tonalidade de *dó maior*, quanto a de *lá*, a de *fá sustenido* e a de *mi bemol*.

Exemplo 72.

Portanto, estamos diante de sete modos diferentes. E desde que o sistema harmônico decorrente de um modo, qualquer que ele seja, pode dispor apenas das notas pertencentes a este modo, mas deve utilizá-las todas, resulta daí que esses sete modos dão origem a sete sistemas harmônicos cada qual com sua personalidade própria.

O primeiro modo, isto é, a gama por tons de que falávamos há pouco, Messiaen afastou-o sistematicamente porque, depois de Debussy, não há mais nada de válido para extrair dele.

O segundo modo é este:

Exemplo 73.

Como se vê, ele contém oito sons, ou seja, um a mais que o modo de *dó* clássico. É, então, um modo montado sobre o diatônico e o cromático. Aqui está um acorde que associa todas as notas do modo:

Exemplo 74.

E aqui estão duas cadências próprias a esse clima particular. Evidentemente, elas estão muito longe das cadências clássicas da relação tônica-dominante:

Exemplo 75.

A utilização dos modos de transposições limitadas dá às harmonias de Messiaen uma cor peculiar. Ela determina também o desenho linear de sua melodia, freqüentemente muito longa, sendo renovada sem cessar em sua substância pelos encadeamentos harmônicos aos quais vai periodicamente pedir apoio. O melhor a fazer é dar a palavra ao próprio Messiaen, enviando o leitor à longa melodia de violino com a qual termina o seu *Quatuor pour la fin du temps* (Quarteto para o final dos tempos) (31).

A melodia de Messiaen, muito longamente estirada nesse trecho, pode, ao contrário, fragmentar-se, em outros casos, em elementos muito breves e dispostos uns sobre os outros segundo um contraponto cheio de imprevisto e de uma politonalidade erudita. Isto acontece quando ele utiliza os cantos dos pássaros que são um dos dados de sua arte.

o canto dos pássaros

Desde muito jovem, ele esteve atento a essa música da natureza. Dotado de um ouvido extremamente aguçado e habituado por sua própria música a descobrir numa linha melódica as menores variações rítmicas, chegou a identificar o canto de centenas de espécies de pássaros diferentes e a notá-las segundo nossos métodos habituais, o que o leva a tomar como unidade rítmica valores extremamente breves e a interpretar em nosso sistema modal intervalos que não entrariam nele em estado puro. Pois os pássaros não conhecem nossas escalas e, para fotografar exatamente seu canto, seria preciso dividir a oitava em muito mais do que doze sons.

Essas peças para orquestra, como *Le Réveil des oiseaux* (O Despertar dos Pássaros), dão-nos, assim, uma espécie de documento sonoro, ao mesmo tempo que uma composição elaborada. Mas o melhor resultado a que Messiaen chegou nesse campo é, creio, a peça para pequena orquestra chamada *Oiseaux exotiques* (Pássaros Exóticos) (32).

Encontrar-se-ão na discografia alguns títulos de obras gravadas, escolhidas entre as que melhor poderão esclarecer o leitor sobre a composição e o encadeamento de suas harmonias, da mesma maneira que sobre a plasticidade de suas linhas melódicas (33 e 34).

É preciso agora completar o estudo dessa linguagem altamente complexa, fruto de uma elaboração muito longa, por um apanhado da rítmica de Messiaen. Este é um campo em que sua pesquisa não foi menos cuidadosa que nos outros, e sempre no mesmo sentido de uma libertação dos limites rígidos em que as regras clássicas mantiveram seus adeptos por tanto tempo.

a rítmica de Messiaen

Já falamos da rítmica clássica a respeito de Bartok. Lembramos que sua característica era a de uma divisão da duração em valores iguais, mais ou menos longos segundo o andamento lento ou rápido da música, mas sempre suficientemente longos para fornecer aos executantes, a intervalos convenientes, pontos de referência nítidos e regulares, visualmente representados pela batida do regente. A unidade de compasso chamada *tempo* subdividia-se em durações menores, iguais ou desiguais, segundo as indicações notadas pelo autor. Por outro lado, os tempos agrupavam-se por dois, por três, ou então segundo os múltiplos de dois ou de três, e o conjunto destes tempos chamava-se compasso, delimitando-se o compasso no papel por duas barras verticais.

É importante acrescentar que, da mesma forma que a música clássica estabelece uma hierarquia entre as notas (tônica, dominante, subdominante) assim como entre os acordes, institui também uma hierarquia entre os tempos. Uns são chamados de *fortes,* outros de *fracos.* O primeiro tempo é sempre um tempo *forte,* mas, num compasso de quatro tempos, o terceiro é igualmente um tempo *forte.*

Ora, como vimos num outro capítulo, essa divisão binária ou ternária da duração não podia ser aceita por um músico como Stravinsky, e ele a destruiu. Fez isso mudando de compasso a todo instante. Fez isso, também, conservando os compassos clássicos de dois, três e quatro tempos, mas contrariando os ritmos neles incluídos com outros ritmos, através de uma divisão do tempo totalmente diferente que exigiria uma outra notação, outras barras de compasso, mas que ele faz entrar — à força, poder-se-ia dizer — nos compassos aceitos de início. Para isso recorre a acentos violentos que assinalam e revelam uma espécie de subversão rítmica que veio instalar-se à força no interior da ordem estabelecida.

Esta maneira de proceder é extremamente impressionante pelo seu caráter enérgico e brutal. Ela se inscreve naturalmente num estilo duro, sincopado, incisivo, todo feito de impactos e de renovações. Ele também convém admiravelmente a um músico para o qual o balé foi durante toda a vida a perspectiva principal, com sua dupla referência popular e acadêmica.

No caso de um outro músico em que vimos a rítmica quebrar os quadros da tradição clássica, em Bartok, existe igualmente, na base, essa pulsação irregular de que a dança popular húngara ou romena lhe revelou o segredo. Daí sua notação, que introduz no interior do compasso tempos de durações diferentes.

Com Messiaen chegamos a um campo bem diferente. Não temos um caso de um músico de balé, nem de um folclorista. Ele não foi a vilarejos afastados para observar a vida de camponeses semiprimitivos, mas apenas aos bosques, atento ao canto dos pássaros. De fato, é um contemplativo, um meigo. Seu caminho natural é deixar transbordar de seu coração melodias sem fim, que não venham a ser perturbadas em seu livre escoamento por nenhuma regulamentação arbitrária, regidas apenas pelo controle interior de um gosto e de uma sensibilidade não acomodados a fórmulas feitas.

É por seu lirismo e por sua invenção melódica que Messiaen parece ter chegado ao estudo de um sistema de notação rítmica que lhe permite reproduzir, no papel, a flexibilidade de seu pensamento: jogos infinitamente sutis de distensão ou contração dos valores que, aliás, os verdadeiros artistas bem sabem, a verdadeira música não pode dispensar. Pois sabe-se perfeitamente que um intérprete criativo nunca anda no compasso, e que aquilo que se chama fraseado não é outra coisa senão a arte de romper a pressão dos ritmos, representados muito rigorosamente pelos signos convencionais em uso.

Mas o próprio uso desses signos, ainda que deva subentender no espírito daquele que os nota no papel pautado uma margem mais ou menos grande de interpretação, sem dúvida exerce sobre o próprio criador um mínimo de coação. É desta coação que Messiaen tratou de se desfazer.

Em primeiro lugar, estudou certas soluções que lhe propunha a rítmica hindu e da qual fez uma aplicação metódica. Mas, levando adiante suas pesquisas, formulou uma técnica de notação rítmica que recusa o próprio princípio da notação clássica. Esta operava por subdivisões de valores longos tomados por unidade, o que levava quase fatalmente a combinações decorrentes da divisão por dois ou por três, e à igualdade destas subdivisões.

Messiaen faz o caminho inverso. Parte de valores muito breves, tomados como unidade de compasso, e os multiplica livremente. De tal forma que esta música não pode mais se escandir por uma batida regular que conteria, por exemplo, para cada tempo, o equivalente em duração a quatro semicolcheias. Suponhamos um compasso clássico de quatro semínimas em que cada uma, em princípio, tem a mesma duração de quatro semicolcheias: encontrar-nos-emos imediatamente diante de uma terceira semínima aumentada em um quarto, ou diminuída em um terço, etc.

Um intérprete não prevenido que se encontre diante dessa espécie de aventura não tem outra saída a não ser a de contar mentalmente o número de semicolcheias representadas por cada uma dessas semínimas, a fim de dar a duração correta à semínima que contém apenas três delas ou que, ao contrário, contém cinco. Isso levaria tal intérprete a um grande embaraço. Mas, na prática, acontece de intérpretes treinados traduzirem instantaneamente — numa duração rigorosamente exata — o sinal através do qual o compositor determinou o prolongamento ou a abreviação deste ou daquele valor.

Naturalmente, os regentes, que não vêm outro objetivo em sua carreira a não ser o de interpretar trinta vezes por ano as sinfonias de Beethoven, não se curvam de boa vontade diante dessa ginástica particular. Mas sempre existem aqueles, em cada geração, como foi outrora Desormière, que se empenham em resolver os problemas, à medida que os compositores se empenham, por seu lado, em lhes propor outros novos. Foi isso que permitiu formular certos procedimentos técnicos através dos quais estas rítmicas assimétricas são finalmente transmissíveis a numerosas orquestras.

Só para lembrar, pois isto talvez seja uma visão própria de profissional, acrescentaremos que, na impressionante armadura lógica sobre a qual Messiaen teve o cuidado de apoiar suas teorias no campo do ritmo, assim como no da harmonia, encontramos um paralelismo entre os dois domínios. Esse encanto das impossibilidades que fazia Messiaen gostar tanto de seus famosos modos de transposições limitadas, nós o reencontraremos na atenção e na predileção que ele confere a certas combinações rítmicas porque elas se esquivam diante deste ou daquele procedimento de escrita já consagrado pela música clássica. Johann Sebastian Bach jamais deixou de usar o procedimento da retrogradação. Ou seja, de nos convidar a ouvir ou ler da direita para a esquerda aquilo que ouvimos de início, normalmente, da esquerda para a direita.

Nas regras do contraponto clássico fala-se de bom grado em contraponto à "caranguejo" que, como o nome indica, consiste em fazer certas partes andarem para trás. Bem, Messiaen pôs em primeiro lugar na hierarquia de seus procedimentos de escrita combinações rítmicas que não são passíveis de retrogradação, isto é, combinações dispostas de tal forma que, se a lemos da direita para a esquerda, encontramos as mesmas sucessões de valores que se as lêssemos da esquerda para a direita. Isso implica que, na estrutura dessas combinações rítmicas, existem simetrias profundas, mas que não podem ser percebidas na audição, nem mesmo numa leitura superficial.

Estes são, em linhas muito gerais, os elementos melódicos, harmônicos e rítmicos com os quais Messiaen compôs sua linguagem musical. Este sistema — pois isto é um sistema — foi concebido durante os anos que se seguiram à sua saída do Conservatório, onde Messiaen foi aluno de Paul Dukas; nasceram dele todas as obras que escreveu desde essa época até antes da guerra. Professor do Conservatório num curso de estética musical, equivalente a um curso de composição, cercado de numerosos alunos, Messiaen tinha o direito de pensar que havia fornecido à Música uma doutrina capaz de servir de ponto de partida a um novo desenvolvimento.

Mas seus alunos, tirando proveito das fórmulas de escrita ensinadas por ele, logo voltaram seus olhares para uma outra direção, e esta foi a origem do sucesso, na França, entre toda uma jovem geração, do sistema dos doze sons ou dodecafonismo, criado por Schoenberg muitos anos antes.

Ocupar-nos-emos mais adiante de todo o movimento que se seguiu, e que deu origem ao que se chamou música serial, e isto nos obrigará a voltar ocasionalmente a Messiaen. Pois, por uma espécie de contragolpe, bastante freqüente nas relações entre mestres e jovens discípulos, as posições de combate tomadas por seus alunos levaram Messiaen a pôr em questão, não suas teorias, mas pelo menos o aspecto dogmático, acabado, fechado em si mesmo que elas poderiam ter. Retomou, então, suas pesquisas e estas o levaram para mais longe do que havia chegado de início, para um ponto em que iremos ter com ele proximamente.

CAPÍTULO 9.

Arnold Schoenberg antes e depois da formulação do sistema dodecafônico.

Já estamos quites em relação às pesquisas de Olivier Messiaen. Pesquisas importantes em primeiro lugar por si mesmas e, depois, porque condicionaram a própria criação desse artista, mas importantes também pelo impulso que deram aos jovens músicos da geração seguinte e que finalmente, de maneira bastante inesperada, os incitaram à dissidência.

Agora vamos voltar para trás, o que não significa incoerência alguma em nosso plano. Procuramos, com efeito, ter uma visão de conjunto de uma imensa fermentação de idéias e de técnicas novas, incessante desde o começo deste século. A necessidade de seguir uma pista pode nos levar, como foi o caso de Messiaen, ao limiar da época em que nos encontramos hoje. Nesse ponto, ela cruza com uma outra pista que deixamos provisoriamente de lado e a cuja origem é preciso voltar agora.

Retornamos, portanto, ao início deste século para descobrir, em Viena, um jovem compositor autodidata, particularmente dedicado à música de câmara — o que o salvara, talvez, de soçobrar no gigantismo revelado por algumas de suas obras, como os *Gurrelieder* (Canções de Gurre) (35), em que se deixou invadir pelos malefícios wagnerianos.

Muito depressa Arnold Schoenberg toma consciência de certo número de problemas que lhe parecem ser conseqüência direta do estado em que Wagner deixou a Música. Mas demorará muito a encontrar a solução que lhe permitirá, vinte e cinco anos mais tarde, juízos categóricos como este: "Não existe nenhuma razão física ou estética que possa forçar o músico a se servir da tonalidade para a representação de seu pensamento. Ele pode apenas se colocar a questão de saber se é possível atingir a unidade e a firmeza formal sem se servir da tonalidade. Mostrei que não era um estado novo o da Música não recorrer à tonalidade; que, ao contrário, ela já está nesse estado desde Wagner, e que se trata apenas de empregar um outro meio de ligação formal, com força suficiente para reduzir os acontecimentos musicais ao mesmo denominador".

primeiras pesquisas de Schoenberg

Aí está, portanto, de um lado, nominalmente designado o responsável pela desintegração do sistema tonal, e, de outro, indicado o sentido da pesquisa para a qual Schoenberg foi levado pela sua tomada de consciência desse estado de coisas.

Essa pesquisa será marcada por um grande número de obras em que são delimitados, pouco a pouco, os elementos de uma doutrina que só tomará corpo de maneira absolutamente definitiva a partir de 1923. Mas convém acrescentar que essas obras representam talvez o melhor daquilo que Schoenberg tinha a dizer. Nelas ele ainda não se mostra dominado por uma sintaxe inteiramente nova, mal-amaciada, portanto. E se as obras nascidas de sua pesquisa revelam certa anarquia, elas têm menos uma riqueza de idéias e de escrita, uma intensidade de expressão, que nesse grau não serão mais encontradas quando, tendo acabado de destruir o que achava que devia ser destruído, ele procederá à instauração de um sistema de reposição.

A pesquisa de Schoenberg relaciona-se à harmonia, à escrita contrapontística, à forma e aos timbres.

Do ponto de vista harmônico, o fato novo é a abolição de uma certa concepção dinâmica da música clássica que divide os acordes em consonantes e dissonantes, e que opera sobre a tensão engendrada pelas dissonâncias e a distensão produzida pela sua resolução. Essa abolição, aliás, é um fato novo apenas na perspectiva em que Schoenberg se colocava, isto é, na descendência espiritual de Wagner. De fato, já mostramos a tendência geral, desde o início do século (flagrante no exemplo dado de *Daphnis et Chloé* de Ravel) para uma imobilidade das agregações sonoras — obtidas pela multiplicação de terças superpostas — em que o ouvido encontra uma plenitude livre de qualquer aspiração a tudo o que dela pudesse desviá-lo.

Em Wagner, apesar do caráter atonal de uma música eternamente modulante, cada acorde é, contudo, incorporado ao discurso com toda a sua carga de eletricidade; e se as repulsões ou as atrações que existem nele levam apenas raramente, por sua resolução, ao repouso do equilíbrio tonal, elas preenchem, entretanto, sua função e assim impulsionam para diante o conjunto da polifonia.

Com Schoenberg, a oposição consonância-dissonância desaparece muito rapidamente desde suas primeiras obras. A partir do instante em que essa dualidade é abolida da sintaxe musical, torna-se válido imaginar livremente agregações não-repertoriadas, sem que seja preciso justificá-las, quer seja pelas referências às clássicas superposições de terças, quer seja pelos diversos artifícios próprios à técnica da música tonal.

É assim que Schoenberg mostra-se, num momento, atraído por acordes obtidos pela superposição, não mais de terças, mas de quartas, isto é, de um intervalo fixo de dois tons e meio.

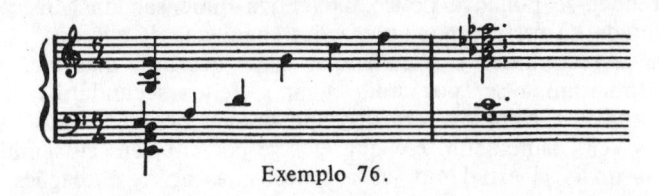

Exemplo 76.

Ora, uma sucessão de quartas justas: *dó, fá, si bemol, mi bemol, lá bemol, ré bemol, sol bemol (fá sustenido), si, mi, lá, ré, sol*, permite-nos desfiar os doze sons, e isto nos dá o que chamamos o total cromático.

acordes de quartas

Não é preciso falar da gravidade das conseqüências disso. Aliás, não disse que a música de Schoenberg, desenvolvendo-se nessa direção, tenha usado apenas esses acordes. Em todo caso, o movimento lento da *Sinfonia de Câmara, Opus 9* (36), datada de 1906, baseia-se inteiramente, melódica e harmonicamente, no intervalo de quarta.

Schoenberg confessou mais tarde que, quando esses acordes de quarta, com todas as suas conseqüências, se lhe apresentaram, foi tomado de pânico e hesitou muito em aceitá-los. Ainda que nem Schoenberg nem nenhum de seus alunos tenha desenvolvido, mais tarde, esse caminho, é certo que o próprio princípio deste novo elemento da linguagem musical abria uma porta para as mais amplas perspectivas. No tratado de harmonia que redigiu em 1909, Schoenberg tira as conclusões dessas experiências, exprimindo-se assim:

"A música moderna, que emprega acordes de seis sons ou de mais de seis sons, parece encontrar-se nesse estádio que corresponde à primeira época da música polifônica."

E mais adiante:

"Dirigimo-nos para uma nova época do estilo polifônico e, como no decorrer das épocas anteriores (Schoenberg fala aqui dos séculos XII, XIII, XIV e XV), os acordes serão o resultado da condução das vozes. Justificativa pelo que é apenas melódico."

a condução das vozes, única justificativa dos acordes

Isso é muito importante e merece ser esclarecido por um breve comentário. Quando, partindo da melodia gregoriana, à música polifônica formou-se lentamente no decorrer de uma evolução de vários séculos, ela extraiu seu princípio dinâmico do hábito de cantar simultaneamente melodias diferentes — de início muito elementarmente paralelas entre si, depois se libertando pouco a pouco umas das outras, até se movimentarem e entrelaçarem suas linhas com toda a independência.

Dos encontros entre os elementos dessas linhas horizontais desprendeu-se pouco a pouco uma nova dimensão da Música, representada na vertical por agregações chamadas de acordes. Aprendeu-se a reconhecer e a classificar esses acordes, mas eles eram e continuaram a ser por muito tempo efeitos secundários de um jogo erudito e complexo em que não tinham nenhuma parte ativa. Depois veio o momento em que eles se constituíram em entidades — das quais já estudamos as estruturas, as ações e reações recíprocas — e onde, ao tomar o lugar das diversas linhas independentes do velho contraponto, eles passaram a acompanhar uma melodia única, promovida à categoria de solista sem concorrência.

Mais tarde, a ciência harmônica desenvolveu-se em extensão e em profundidade a tal ponto que se chegou a tomá-la por um valor em si, valor que quase poderia bastar-se a si mesmo. E isso nos leva ao grande romantismo do século XIX em que a harmonia reina soberanamente.

Certamente, há grandes contrapontistas na música clássica. Não se escreve *A Arte da Fuga* (37) sem ser um deles. Mas o contraponto de Bach é muito diferente daquele dos primeiros tempos. É um contraponto solidamente apoiado sobre harmonias de base. Ele circula entre as harmonias com toda a aparência de liberdade. Mas não as determina. São elas que lhe conferem suas estruturas.

O que Schoenberg tem em vista quando escreve a frase citada não é o contraponto à maneira de Johann Sebastian Bach. É um contraponto que estará, para a linguagem musical do nosso tempo, na mesma relação em que o contraponto de Guillaume de Machaut, de Dufay ou de Josquin des Prés estava para a música polifônica de seu século. É por meio disso que ele justificará logicamente as agregações harmônicas sem direito de cidadania colocadas anarquicamente à sua disposição pela negação do sistema tonal — anarquicamente, pelo menos até que consiga se proteger do arbitrário através de um sistema coerente.

as formas Do ponto de vista das formas, a posição defendida por Schoenberg está na recusa categórica das repetições. A arquitetura fundada sobre a simetria, tal como o sistema tonal muito rigorosamente a codificou, implica o retorno e a reexposição dos temas depois das fases do desenvolvimento ou das digressões operadas pelos temas correlatos. Schoenberg proíbe-se essa prática e a proíbe a seus alunos, dizendo-lhes: "Jamais façam o que um copista pode fazer em seu lugar".

Só que, ainda aí, aquilo que se suprime deve ser substituído. A partir de 1923, Schoenberg o substituirá pelos dogmas do dodecafonismo. Mas, enquanto espera a inauguração desta nova ordem (de que falaremos mais adiante), ele se encontra desprovido de uma solução firme. Escreve, então, peças extremamente breves, baseadas no princípio da variação contínua que evita toda repetição inútil.

No domínio dos timbres, Schoenberg inaugura um procedimento novo que ele chama de *klangfarbenmelodie* (melodia de sons e cores *) e que consiste em variações contínuas de timbres aplicadas a uma mesma nota, ou a um mesmo acorde, ou a uma mesma frase. É assim que, na terceira das suas *Cinco Peças para Orquestra, Opus 16* (38), faz soar desde o início um acorde de cinco sons imutáveis, passando-o por todas as cores possíveis, através de mudanças contínuas dos grupos de instrumentos que o produzem, surgindo cada grupo por meio daquilo que, em cinema, se chama *fusão-encadeada*, antes que o grupo precedente tenha deixado de ser ouvido.

<small>os timbres</small>

Antes de passar ao estudo do dodecafonismo, é preciso mencionar de passagem, ao lado de Schoenberg, seus dois grandes alunos: Alban Berg e Anton Webern que, desde os primeiros anos do século, trabalharam sob seu controle, produzindo já obras de alto valor, que hoje se colocam nos programas como clássicos do século XX.

Por natureza bastante próximo de Schoenberg, Alban Berg aproveita amplamente as pesquisas de fuga à tonalidade do primeiro, mas quase se poderia perguntar o que teria ele produzido nesse campo novo se o caminho não lhe tivesse sido largamente aberto por seu mestre. É claro que Berg teve dificuldade em se desfazer do sentimento tonal. E, de fato, mesmo em suas últimas obras, pode-se dizer que ele jamais chegou inteiramente a isso. A esse respeito, ele desempenhará um papel importante de agente de ligação entre a linguagem nova e uma tradição que não se tratava, em suma, de matar, mas apenas de infletir.

<small>Alban Berg</small>

É assim que, ao utilizar nas obras dessa época, como Schoenberg, harmonias provenientes da gama por tons ou das superposições de quartas, empenha-se em justificá-las tonalmente, considerando certas notas como apojaturas que evocam uma resolução num acorde conhecido. E isto é sempre possível. Por este meio pode-se chegar a justificar qualquer coisa.

Se, por exemplo, ponho os cinco dedos de minha mão direita ao acaso sobre o piano (Ex. 77), obtenho uma dissonância

---

<small>* Parece que, em português, já está estabilizada a forma "melodia de timbres" como equivalente de *Klangfarbenmelodie*. (N. do T.)</small>

Exemplo 77.

horrível. Mas me bastará acrescentar uma nota fundamental e uma resolução para fazer dela um acorde tonal — e, ainda por cima, em qualquer tonalidade. Querem ir para *ré maior* partindo daí? Aqui está a resolução (Ex. 78). Para *dó*? (Ex. 79). Para *si menor*? (Ex. 80). Para *mi bemol maior*? (Ex. 81). E assim por diante.

Exemplo 78

Exemplo 79.

Exemplo 80.

Exemplo 81.

Como se pode ver, a técnica tem suas artimanhas. E é por isso que era tão difícil fugir dela.

Anton Webern

Um homem parece, contudo, não ter sentido em absoluto essa dificuldade. E é aquele cuja ruptura da linguagem é sem dúvida a mais categórica. É Anton Webern.

Aqui temos o caso de uma natureza musical refinada ao extremo, para a qual a linguagem sonora pode reduzir-se à distribuição de alguns sons sutilmente escolhidos no interior de um silêncio carregado de significação, *"le creux néant musicien"* de Mallarmé*. Aliás, é bem na arte de Mallarmé ou, num outro campo, na de Mondrian, que a música de Webern faz pensar, com seu jogo abstrato, ao produzir uma matéria sonora rarefeita ao extremo e como que evaporada. Explicar isso em termos concretos é impossível. A receptividade desta arte desconcertante pode ser espontânea. Pode não se produzir jamais, pode ser questão de tempo. A poesia não se percebe sempre à primeira leitura. O estado de graça nasce um dia de uma tentativa feita depois de muitas outras. Que cada um tente sua sorte. Encontram-se na discografia algumas obras que poderão ajudar o leitor desejoso de julgar por si mesmo (39 a 41).

Acompanhamos os músicos da Escola de Viena, Arnold Schoenberg e seus dois discípulos Alban Berg e Anton Webern, em seu primeiro esforço para inventar uma linguagem musical nova, inteiramente liberta do sistema tonal. A seus olhos, o sistema tonal caducou; Wagner arrancou-lhe suas últimas razões de ser.

Schoenberg, então, durante os vinte e cinco primeiros anos de sua produção musical, progride lentamente, através de obras em que proliferam tendências anárquicas, em direção a uma organização autoritária própria a canalizá-las e torná-las mais fecundas. Ele sabe qual é seu objetivo e o definirá assim: "Atingir a unidade e a firmeza formal sem se servir da tonalidade... empregar um outro meio de ligação formal, com força suficiente para reduzir os acontecimentos musicais ao mesmo denominador". Ora, se ainda temos em mente os grandes princípios organizadores do princípio tonal, tais como foram lembrados sumariamente no início deste livro, podemos desconfiar de que não é fácil, uma vez tudo isso posto por terra, construir em seu lugar alguma coisa tão luminosa, tão diversa, tão poderosamente coerente e lógica. Isso é tão difícil que só se pode esperar o êxito, nesse campo, por uma espécie de violência direta e metodicamente dirigida a cada um dos elementos constitutivos do sistema a ser destruído. Violência que se procura tornar positiva fazendo de cada um dos elementos do sistema a ser construído a sua exata antítese.

a técnica dodecafônica

Portanto, sobre esse sistema novo, sabe-se o que ele não será, bem antes de se poder dizer o que será.

O que ele não será? Bem, antes de tudo, não será *hierarquizado* — pretensão que pode parecer quase paradoxal. Proclamar a abolição de qualquer hierarquia, e fazer desse princípio a base de um sistema, é querer organizar a anarquia sem lhe introduzir emen-

---

* Na sugestão de Augusto de Campos, "o oco Nada musical". Ver a excelente recriação do poema completo (*Une dentelle s'abolit*) no livro *Mallarmé*, Editora Perspectiva, 1975. (N. do T.)

da ou restrição. Dominar esta antinomia exigiu de Schoenberg anos de pesquisas e de tateios.

Portanto, nada de hierarquia. Sabemos que o intervalo de oitava contém doze notas distantes um semitom umas das outras, e que esse é, no campo dos sons, todo o material com o qual se faz música. Mas até aqui a Música praticou seleções nesse material. Basta de seleções. Já que o postulado inicial da música ocidental nos fornece uma escala cromática de doze sons, daremos acolhida a todos os doze.

O sistema tonal nos propunha, no interior de um determinado modo, notas-chave, tônica, dominante. Basta de tônica, basta de dominante. Nenhum dos doze sons terá licença de elevar a voz acima dos onze restantes.

O que significa isto? Quer dizer que, no desenrolar de uma peça de música, os doze sons estarão presentes, cada um, o mesmo número de vezes, de modo que, terminada a peça, nenhum deles terá sido ouvido, em princípio, com mais freqüência que os outros. Pois, se fosse de outro modo, de todo som para o qual a atenção se voltasse seletivamente se desprenderia uma força polarizadora que daria um sentido tonal a tudo que estivesse à sua volta.

A livre escolha do compositor, de início, portanto, não será mais a de um grupo selecionado de notas que tenham entre si relações determinadas. Será a livre escolha de uma certa ordem de sucessão que ele vai atribuir aos doze sons da escala cromática. Esta sucessão de doze sons é o que se chama uma série. Não é preciso dizer que o número de séries que se pode montar com doze sons diferentes é praticamente infinito. Esta escolha já é, portanto, um ato de criação em que se pode distinguir a personalidade do compositor.

Entretanto, é importante esclarecer que a série não é um tema. É fácil, certamente, compor séries de doze sons que tenham o aspecto de uma verdadeira melodia. Mas nesse caso essa melodia será quase sempre percebida como tal pela referência a harmonias evocadas mais ou menos claramente pelas relações entre os sons sucessivamente ouvidos, harmonias que tendem a reintegrar a série no sistema tonal.

Não é isso que interessa ao compositor decididamente dodecafônico. Sua escolha da ordem de sucessão dos sons da série provém, não em absoluto de uma pesquisa plástica, mas de uma visão muito menos instintiva, mais refletida, de combinações de escrita cujos meios lhe serão imediatamente dados pela distribuição dos intervalos no espaço sonoro. Pois uma série, na perspectiva do compositor, é bem mais uma sucessão de doze intervalos do que uma sucessão de doze sons. E é por aí que vamos poder penetrar mais fundo nos segredos desse dodecafonismo que Schoenberg chamou, em sua velhice, e de forma modestamente restritiva, uma maneira (entre outras) de compor música.

Eis-nos, então, diante de uma sucessão de doze sons ou, mais precisamente, de doze intervalos entre doze sons. A primeira idéia, um pouco superficial, evidentemente, que virá ao espírito de um não-iniciado é a de dizer: "Mas se os doze sons devem sempre desfilar sem que se possa reencontrar nenhum deles antes que os onze outros tenham sido ouvidos, então vai-se ouvir sempre a mesma coisa".

Não, é claro. Seria esse o caso se a música fosse monódica, quer dizer, a uma só voz. Mas numa música polifônica, o compositor pode perfeitamente nos fazer ouvir, numa voz, quatro, cinco, seis notas da série, enquanto as outras encontram-se nas outras vozes, seja por uma disposição linear, seja mesmo em agregações a que poderemos, se assim o quisermos, chamar de acordes, por reminiscência do que já é conhecido no sistema tonal; ainda que isso seja outra coisa, como veremos imediatamente.

Por outro lado, o que conta, como dissemos, é antes de tudo a sucessão dos intervalos. Mas se, partindo de determinada nota — por exemplo *dó* — instauro uma certa sucessão de determinados intervalos, tenho um outro meio de fazer ouvir esta série, mas com outros sons, transformando linhas ascendentes em linhas descendentes, e vice-versa. A partir daí a sucessão *dó-mi-sol* torna-se

Inversão   Exemplo 82.

dó-lá bemol (na terça maior grave de *dó*)-*fá* (na quinta).

Apliquemos este procedimento a uma série de doze sons: obtemos uma série no avesso, composta de doze outros sons, mas de doze intervalos iguais aos da série no direito.

Eis-nos, então, de posse de dois elementos essenciais sobre os quais vai atuar o compositor: a série e a inversão da série. Estes dois elementos podem ser colocados em jogo simultaneamente na polifonia, passando de uma vez para outra, agrupando-se em agregações, estendendo-se a oitavas diferentes para o grave ou para o agudo.

Mas o material à disposição do compositor dodecafônico não se reduz a isso. Neste estado, o material seria ainda muito pobre para constituir uma nova linguagem. Posto que a série não tem, ou não tem senão muito raramente, um valor melódico em si, nada impede que se lhe aplique um procedimento muito empregado na música clássica, mas nem sempre aplicável aos temas desta mesma música. É o de tomá-la a contrapelo: a audição da série começando pela última nota e remontando à primeira nos fará percorrer os mesmos intervalos e os mesmos sons, mas numa ordem inversa. Do ponto de vista linear, nada se opõe a isso, na medida em que não é um valor plástico que o compositor exige da série em primeiro lugar. Obtemos assim um terceiro elemento para o trabalho do compositor; é uma série derivada da série inicial e que se chama retrógrado. Uma vez de posse do retrógrado da série, muito naturalmente deduziremos a inversão desse retrógrado, ou seja, um quarto elemento.

Série, inversão da série, retrógrado e inversão do retrógrado. Eis, então, quatro microcosmos que se entregam entre si a mil jogos, encontros, associações, divórcios, obedecendo cada um deles à sua própria lei e tolerando, por seus atritos com os outros, os encontros ou as aproximações de sons que essa lei proíbe a cada um individualmente.

Mas, na realidade, este jogo põe à escolha do músico possibilidades muito mais amplas. De fato, voltemos às lembranças da música tonal. Vimos que determinado modo pode ser reproduzido sobre qualquer grau da escala, criando a cada vez uma tonalidade nova. É o que chamamos transposição. Na música dodecafônica, já não se trata mais de tonalidades, mas permanece sempre lícito transpor uma série para qualquer grau da escala, reproduzindo a partir deste grau a sucessão dos intervalos que a constituem.

Uma determinada série pode, então, ser transposta onze vezes ou, se preferir, — considerando apenas a sucessão de seus intervalos — ela pode existir em doze exemplares diferentes. E isto não é tudo; cada um destes exemplares da série chega-nos, como a série inicial, acompanhado por sua inversão, por seu retrógrado e pela inversão do seu retrógrado.

Os microcosmos de que acabamos de falar não são, então, em número de quatro, mas de doze vezes quatro, ou seja, quarenta e oito. Tal é o enorme material que se coloca à disposição do compositor dodecafônico durante o seu processo de criação.

ilustração da teoria através de alguns exemplos

Este material é mais rico que o posto à disposição de um compositor tonal? Examinaremos esta questão mais adiante. No momento, vamos tentar, por exemplos sumários, fazer passar para o concreto as noções forçosamente um pouco abstratas que surgiram diante de nós nas páginas precedentes.

Já disse que um compositor dodecafônico instaurava um jogo sutil e de uma alta tecnicidade entre uma série de doze sons — considerada sobretudo como uma série de doze intervalos entre doze sons — e séries derivadas da primeira por diferentes meios que recordo: transposição, inversão e retrogradação, podendo essas séries derivadas, num caso extremo, atingir o número de quarenta e oito.

Eis então uma série:

Exemplo 83.

É a série sobre a qual Schoenberg construiu suas *Variações para Orquestra, Opus 31* (42), geralmente consideradas como a obra em que o autor atingiu o domínio completo do sistema que havia inventado.

Se tocamos esta série muito uniformemente ao piano, há grandes possibilidades de que ninguém se sinta particularmente comovido por sua beleza linear e sua força expressiva. É um material em estado bruto. Entretanto, Schoenberg teve a intenção, nesta obra, de escrever variações sobre um verdadeiro tema. Um tema melódico. E este é o momento de mostrar que uma melodia não é apenas uma sucessão de notas. É também uma sucessão de durações. De doze sons justapostos sem graça, pode-se fazer uma melodia expressiva apenas pela maneira através da qual se vai escandir o desenvolvimento. Os doze sons, que acabamos de desfiar, ei-los agora transformados em música:

Exemplo 84.

Voluntariamente, ainda os retiramos do contexto. Acrescentemos-lhes, em espírito, o fraseado expressivo, as quentes sonoridades dos violoncelos e uma roupagem harmônica de trompas, de madeiras, de contrabaixo e de harpa, e eis-nos novamente no sensível e no humano.

Então, Schoenberg se propõe, no início destas variações para orquestra, dar-lhes por tema uma longa melodia dodecafônica em várias secções, mais exatamente em quatro secções. Ele faz ouvir integralmente os doze sons da série inicial. As três secções que se seguem são construídas segundo o mesmo método, sem recair com isso na mesma sucessão de sons. Dissemos que por suas transposições, inversões e retrogradações, a série podia passar por quarenta e oito reencarnações. Schoenberg escolhe quatro delas que vão lhe dar, não apenas as quarenta e oito notas de que é feita a melodia que serve de tema à sua obra, mas todo o material sonoro que a acompanha.

Estas quatro formas da série são sucessivamente:

1) a forma original,

2) a transposição desta série para uma terça menor abaixo, mas em sua forma invertida e na retrogradação dessa inversão (isto é, nesta forma invertida lida da direita para a esquerda, a partir da última nota, remontando até a primeira),

3) o retrógrado da forma original,

4) a série transposta para uma terça menor abaixo, como na segunda secção, mas lida, desta vez normalmente, da esquerda para a direita. Eis o que isso produz, ao menos (a fim de não alongar demais o exemplo) nos doze primeiros compassos (Ex. 85).

Como pudemos constatar, a melodia assim obtida é acompanhada por acordes... ou por aquilo que, por tradição, chamamos acordes. É evidente (o ouvido basta para nos indicar isto) que esses acordes não têm nenhuma das características que reconhecemos nos da música tonal. Cabe-nos, então, explicar no que diferem e como estes acordes são obtidos pelo músico, isto é, qual é a lógica que justifica sua existência.

Consideremos as harmonias que acompanham a primeira secção da melodia. Se analisamos esses complexos sonoros, vemos que eles constituem o enunciado, na ordem, dos doze sons de uma das

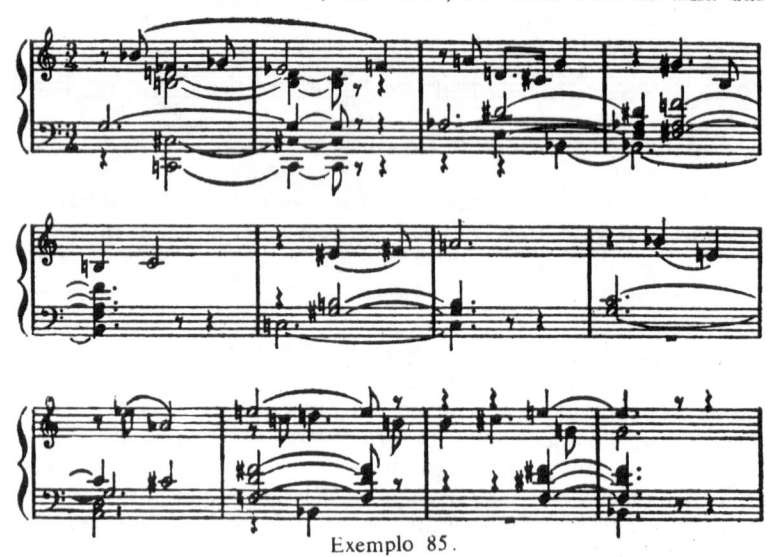

Exemplo 85.

transposições da série inicial em sua forma invertida. Ainda mais, esta transposição é precisamente a da série original, na terça menor, sobre a qual vai ser estabelecida a segunda secção da melodia. Mas no momento em que esta segunda secção da melodia vai, por sua vez, ocupar a cena, as harmonias que a acompanham vão nos remeter à série inicial, em sua forma retrógrada.

Há, então, entre a melodia e a harmonia destas duas secções uma espécie de vaivém que se prolongará pela terceira e pela quarta, sob outras formas que me absterei de analisar a fim de não complicar demais as coisas. Um esclarecimento, entretanto: disse que estas harmonias de acompanhamento (para a primeira secção, por exemplo) enunciavam na ordem os doze sons de uma certa transposição da série. Sendo harmonias, isto é, agregações sonoras, elas o fazem, naturalmente, de uma forma diferente da linha melódica que acompanham, desdobrando-se esta última inteiramente no tempo. Se olho mais de perto estas harmonias e se numero de 1 a 12 os doze sons da série que elas nos farão ouvir, eis como elas se desenrolam:

Exemplo 86.

Em primeiro lugar, o som 1, sozinho.

Depois os sons 2, 3, 4, 5 tocados simultaneamente na ordem de escalonamento 5, 2, 3, 4, partindo do grave.

Em seguida o som 6 sozinho, depois, o 7 e o 8, juntos, aos quais vai reunir-se o som 9 no tempo seguinte. Ficando este som 9 no grave, os outros sons do acorde apagam-se e dão lugar aos sons 10, 11 e 12.

Se não temêssemos insistir demais nestas análises árduas, poderíamos examinar outros exemplos nos quais a polifonia schoenberguiana obedece a preocupações muito menos harmônicas e muito mais estritamente contrapontísticas. Correndo o risco de parecer estar marcando passo, ao voltar a noções que se supõe já adquiridas, lembremos que a escrita harmônica é uma escrita vertical que produz a audição simultânea de vários sons diferentes. Enquanto a escrita contrapontística faz evoluir livremente no tempo linhas melódicas diferentes das quais cada uma tem sua lógica própria, sua plástica e seu ritmo, atuando umas em relação às outras, aproximando-se, roçando-se, separando-se e cruzando-se, os complexos sonoros nascidos de seus encontros são justificados e postos em relevo pela lógica interna e pela beleza formal de cada uma delas.

A música contrapontística existiu em toda a riqueza e plenitude nos séculos XIV, XV e XVI, na época em que a ciência harmônica ainda não existia senão em estado latente no interior desse universo melódico. Mais tarde essa ciência harmônica não parou de afirmar seu imperialismo para, finalmente, reinar soberana a partir da época romântica.

Fundando seus princípios de escrita na autonomia da série e de suas diferentes transformações, a música dodecafônica derruba a harmonia de seu pedestal. É neste sentido que Schoenberg pôde escrever que a música moderna parece encontrar-se nesse estádio que corresponde à primeira época da música polifônica. Os acordes, acrescenta ele, "serão o resultado da condução das vozes; justificativa pelo que é apenas melódico".

comparação entre as vantagens dos dois sistemas (tonal e dodecafônico)

De agora em diante, estando estabelecido o mecanismo desta polifonia nova, através da qual Schoenberg esperou enriquecer a Música, podemos tentar responder à questão colocada acima: a matéria-prima oferecida pelo sistema dodecafônico ao compositor é mais rica que a por ele encontrada no sistema tonal? Quais são as vantagens de um sistema em relação ao outro?

Para dizer a verdade, a questão não comporta uma resposta rigorosa. De qualquer maneira, é preciso aceitar o dodecafonismo como um fato histórico. A um certo momento da História, um compositor de altíssimo valor e de personalidade muito forte viu nessa construção, em si totalmente arbitrária, o meio de dar um sentido e uma coerência ao estado perigosamente anárquico para o qual a Música tinha sido levada por uma evolução natural.

É igualmente um fato histórico que dois grandes músicos o seguiram nesse caminho, extraindo da nova teoria, cada um por sua conta, conclusões bastante diferentes. E é finalmente um terceiro fato histórico que, vinte anos depois do seu nascimento, esta doutrina tenha ganho numerosos adeptos saídos de uma juventude separada de seus mestres por duas gerações.

Essa linguagem musical nova era, então, uma necessidade histórica inelutável? Aqueles que fizeram dela um artigo de fé a sustentam apaixonada, ou até fanaticamente; outros a negam com não menos vigor e, portanto, recusam seguir suas regras, sem com isso cair no reacionarismo, não importa o que digam deles seus adversários.

relação entre o dodecafônico e o temperamento

De fato, se a eclosão do dodecafonismo não parece de forma alguma inscrita nos destinos da Música, tal como esta se apresentava nos primeiros séculos da polifonia ocidental, ela pode, retrospectivamente, aparecer como previsível, e talvez inevitável, a partir do momento em que os compositores do século XVIII, liderados por Bach e Rameau, instituíram essa correção na natureza que se chama temperamento.

Aqui, para podermos compreender bem, é preciso fazer uma pequena digressão.

Os sons da gama temperada não são, como dissemos, os fornecidos pela ressonância natural de um som fundamental. Também não são os que as experiências de Pitágoras fizeram surgir da divisão de uma corda vibrante pela metade, por um terço, por um quarto etc.

Tomemos dois sons, por exemplo, o *fá* e o *sol,* separados por um tom. Se quero subir do *fá* ao *sol,* com uma parada num som intermediário, encontro apenas um, é o *fá sustenido,* um semitom acima do *fá.* Se quero descer do *sol* para o *fá,* com uma parada num som intermediário, encontro apenas um, é o *sol bemol,* um semitom abaixo do *sol.*

No meu teclado, entre o *fá* e o *sol,* tenho apenas uma tecla preta, a que chamei de início *fá sustenido* e a que chamei em seguida de *sol bemol.* O *fá sustenido* e o *sol bemol* são, portanto, o mesmo som? Sim... no meu teclado, pois que é um teclado temperado. Não... segundo a verdade acústica que me dá para o *fá sustenido* um som mais elevado que o *sol bemol.* Essa diferença é perfeitamente perceptível ao ouvido e um violinista muito bom notará isso mais ou menos instintivamente. Mas é concebível que, em instrumento de sons fixos, o respeito por estas diferenças tenha podido parecer, numa época, um obstáculo insuperável para o desenvolvimento da Música e que se tenha admitido que poderia ser negligenciado. Trata-se de um arranjo de ordem prática. Mas na música regida pelo sistema tonal, um *fá sustenido* não é um *sol bemol,* mesmo se nos dois casos é o mesmo som que o ouvido percebe, porque o ouvido percebe ao mesmo tempo um contexto harmônico que dá a este som único significações precisas, uma espécie de aura; porque este som se torna parte integrante de um sistema de tensões, de atrações ou de repulsões que lhe confere, num caso ou no outro, uma função diferente, ou até mesmo uma cor diferente.

Tomemos esse som entre o *fá* e o *sol* produzido pelo abaixamento da tecla preta apresentada nesse ponto pelo meu teclado. Vamos chamá-lo de *fá sustenido* e associá-lo ao *dó* situado a uma certa distância abaixo dele. Entre esse *dó* e esse *fá sustenido,* nasce uma repulsão que leva o *dó* a descer para o *si* e o *fá sustenido* a subir para o *sol.* Juntando uma fundamental que complete o sentido harmônico dessa relação intervalar, enuncio uma cadência de *sol maior* (Ex. 87).

Retomemos esse mesmo som entre o *fá* e o *sol,* associado da mesma maneira como o *dó* abaixo dele. Mas desta vez eu o chamo não mais de *fá sustenido,* mas de *sol bemol.* Esta associação torna-se, agora, uma atração que leva o *dó* a subir para *ré bemol,* e o *sol* a descer para *fá.* Acrescentamos uma fundamental e temos uma cadência em *ré bemol* (Ex. 88).

Posso mesmo, numa seqüência de encadeamentos harmônicos, transformar a meio caminho o *fá sustenido* em *sol bemol*. Eis, por exemplo, quatro acordes dos quais o primeiro é o acorde perfeito de *sol* e o quarto é o de *ré bemol*.

Exemplo 87.   Exemplo 88.   Exemplo 89.

No segundo acorde, coloco *dó-fá sustenido,* no terceiro, transformo *fá sustenido* em *sol bemol,* modificando simplesmente a fundamental, e vou aterrissar sobre o quarto acorde, tendo assim modulado de uma maneira quase instantânea para um tom distante (Ex. 89).

Fiz aí o que se chama uma modulação enarmônica, que é um dos procedimentos mais ricos da música tonal. Rameau às vezes faz dela um uso sistemático, por exemplo, numa das partes do *Sexto Concerto para Sexteto de Cordas,* a que chama de *Enarmônico.* O emprego constante e bastante hábil das modulações enarmônicas é uma das principais chaves da música de Fauré.

Esta digressão estava destinada a mostrar que, se a aceitação do temperamento reduziu rigorosamente a música aos doze sons da gama cromática, a diferença entre os sons enarmônicos foi praticamente abolida, mas não espiritualmente.

O dado novo da música dodecafônica é que esta diferença é abolida em todo o sentido da palavra. Cada um dos doze sons é considerado em si. Não há, entre eles e certos sons escolhidos entre os onze outros, afinidades particulares, engendrando relações constantes e funções determinadas [1]. Ora, essas relações, essas funções, eram as que davam aos acordes da música tonal seu lugar numa sociedade hierarquizada, sua cor e, sobretudo, seu dinamismo, isto é, o que deles se irradiava sob a forma de um apelo, de uma vontade de movimento, de resolução dos conflitos de que participavam.

A harmonia proveniente do sistema dodecafônico obedece a uma lógica rigorosa, o que deve fazer com que ela chegue a ser aceita pelo ouvido; aliás, da mesma maneira pela qual o contraponto clássico leva, algumas vezes, a encontros de sonoridades que,

---

1. É importante especificar, entretanto, para evitar qualquer falsa interpretação, que estas noções muito elementares aplicam-se a um conhecimento superficial do dodecafonismo, o único que pode ter lugar aqui. A um nível superior, as relações dos doze sons entre si têm leis hierárquicas muito mais sutis, só para uso dos iniciados.

tocadas sem preparação e fora do contexto, pareceriam intoleráveis ao ouvido, mas de que ele não se apercebe, de tal forma sua adesão é forçada pelo jogo das partes. Contudo, essa lógica da polifonia dodecafônica é mais austera que a do contraponto tonal, já que a negação das próprias noções de consonância e dissonância faz dela uma sintaxe muito mais abstrata.

É bem evidente que, no caso, o gosto do compositor impera e é nele que precisamos confiar em primeiro lugar. Certamente, com os princípios da música tonal, pode-se escrever uma música horrível de se ouvir. Mas esse sistema comporta balaustradas que limitam os riscos em uma certa medida. Provavelmente é mais fácil soçobrar na feiúra com o sistema dodecafônico, ou, sobretudo, é mais fácil justificar essa feiúra com demonstrações de uma lógica impecável. É o que torna particularmente interessante examinar a maneira como os músicos a que ele deve seu prestígio se serviram do instrumento que lhe foi dado.

CAPÍTULO 10.

Alban Berg.

Sendo que até aqui centramos nosso estudo do dodecafonismo apenas na personalidade de Schoenberg, nosso exame volta-se agora para os outros músicos da Escola de Viena, o que significa pôr esta tendência a prova com terceiros depois de tê-la considerado apenas no caso de seu único criador. Prova extremamente significativa porque revela da parte dos dois músicos em questão, Alban Berg e Anton Webern, reações diametralmente opostas. E este fenômeno, para ser compreendido, pede algumas reflexões prévias de uma ordem mais geral.

O dodecafonismo pretende ser uma linguagem nova, chamada a substituir uma outra supostamente tornada língua morta. Uma linguagem é um meio de comunicação entre pessoas que ora falam, ora escutam. Se o que escuta ouve de repente seu interlocutor passar do francês, sua língua natal, para o italiano, que ignora, desistirá imediatamente de compreender ou, se tem uma razão para se interessar pelo pensamento do outro, apegar-se-á a tudo o que, nessa língua desconhecida, lhe recordará a sua própria, e tentará extrair, de um conjunto de sonoridades e de raízes que lhes são comuns, um sentido aproximado.

Foi isso o que aconteceu quando apareceu a música dodecafônica, e é, aliás, o que continua a acontecer hoje. Queiramos ou não, estamos todos condicionados, por tudo aquilo que nos precede e por tudo aquilo que nos cerca, a uma audição da música organizada segundo o sistema tonal. A música dodecafônica, *concebida* como uma linguagem nova, é percebida por pessoas que são fisiologicamente incapazes de julgá-la em si mesma, no abstrato, só o fazendo por comparação a uma ordem antiga e em função das relações (de semelhança ou oposição) que aparecem entre elas. Mais ainda, não é impossível pensar que o ouvinte, convertido a esta estética, nela encontre um deleite que em grande parte está ligado à ruptura que ela impõe a seus hábitos.

Portanto, ouvimos tonalmente: é um fato. Mas creio ter o direito de dizer que Schoenberg também ouvia tonalmente. E Alban

os músicos dodecafônicos e a tradição

Berg ainda mais. E quase todos os compositores que seguiram suas pegadas. Uma das principais razões das grandes diferenças de estilo que se encontra entre os compositores dodecafônicos está no fato da sua maior ou menor dificuldade em romper as amarras. Em todas as afirmações ou escritos de Schoenberg sobre a técnica de seu sistema encontramos incessantemente a palavra *evitar*. É preciso a todo momento *evitar* este ou aquele detalhe de escrita, porque através dele o sentimento tonal se intrometeria na composição. Schoenberg constrói seu sistema *contra* um outro sistema. A todo princípio pertinente a este outro sistema ele faz nascer um princípio oposto. É uma estética cuja afirmação começa sempre por uma negação. Schoenberg é, portanto, o primeiro a revelar a dificuldade de romper as amarras.

Alban Berg permanece solidamente preso a elas. Toda a sua pesquisa parece orientada, não para uma negação categórica do sistema tonal, e nem para um compromisso entre a tonalidade e a atonalidade, mas para uma simbiose. Este é um propósito firmado pelo músico, uma regra de conduta. Quando Schoenberg encontra sob sua pena harmonias que teriam um sentido na linguagem tonal, isto é um acidente ou uma fraqueza. Consola-se disso considerando que elas derivam da série e que têm apenas uma *aparência* e não uma função tonal. Berg, longe de fugir delas, acolhe de bom grado esses acordes ambíguos e, como veremos imediatamente, constrói suas séries de doze sons de maneira a fazê-los nascer mais facilmente.

No lado oposto, Webern, o único dos três que não sente jamais a menor nostalgia pela antiga ordem, levará às suas mais extremas conseqüências os princípios da nova doutrina. Com relação à tonalidade, Berg gazeteia, Webern resiste-lhe com todas as suas forças. Veremos no próximo capítulo os procedimentos que ele emprega. No momento nos ocuparemos apenas de Alban Berg.

Alban Berg morreu jovem. Não teve tempo de escrever muita música na técnica dos doze sons. Seu célebre *Wozzeck* (43) é uma obra relativamente atonal, mas nunca pelos métodos dodecafônicos. No clímax do grande interlúdio do terceiro ato, pode-se chegar a ouvir uma agregação de doze sons superpostos (Ex. 90), mas é para logo fazer deles uma dominante de *ré menor,* como revela o movimento nos graves *lá-ré* e tudo o que vem em seguida.

a Suíte Lírica   O uso dos doze sons aparece na *Suíte Lírica* (44) para quarteto de cordas, principalmente no *misterioso* do segundo movimento. A série utilizada é a seguinte (Ex. 91):

Exemplo 90

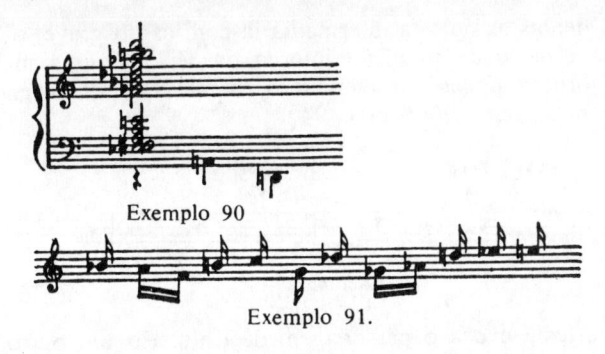

Exemplo 91.

que transcrevemos numa notação que mostra uma ascensão contínuma por semitons, com breves inflexões, entre eles, em direção ao grave. Esta série move-se entre limites extremos bastante próximos, e isto lhe dá uma sinuosidade, uma ductilidade usada pelo autor de maneira bastante alucinante. Ela vai, durante toda a peça, fazer contraponto com ela mesma, ou melhor, com as suas próprias emanações que circulam pelos quatro instrumentos, feitas de suas próprias transposições para diversos graus da escala. Resulta daí uma espécie de murmúrio monocromo estático, extremamente estranho, como podermos nos dar conta ouvindo a gravação.

Na ópera *Lulu* (45), Berg leva muito mais longe a organização serial de sua música. A obra inteira é tirada apenas desta sucessão de doze sons:

Lulu

Exemplo 92.

Esta série de doze sons, em seu estado inicial, está ligada ao personagem de Lulu. Mas, pelo jogo de certas mutações internas, ela pode assumir diferentes aspectos ou dar origem a derivados que partilham da representação temática dos outros personagens da obra. Notaremos que esta série é feita de quatro grupos de três notas, tendo cada um a mesma direção ascendente, com exceção do último que recai em direção ao grave.

Agrupando os três sons de cada uma destas secções em acordes verticais, obtemos estas harmonias (Ex. 93) que

Exemplo 93.

seria fácil identificar segundo o vocabulário próprio da técnica tonal. Unindo entre si as notas situadas na voz superior destes acordes, depois as da voz intermediária com as do grave, obtemos, por uma espécie de mutação interna da série, figuras melódicas que se tornam temas característicos, aquilo que os wagnerianos chamariam de *leitmotiv* * (Ex. 94).

Exemplo 94.

Este tema evoca o personagem de Lulu. Eis um outro, particularmente expressivo, obtido por métodos análogos e que se aplica a um outro personagem feminino da peça:

Exemplo 95.

Por aí se vê como, pelos procedimentos da técnica dodecafônica, Berg dá uma grande unidade à sua obra, já que a ópera inteira está potencialmente numa única série de doze sons, cuidadosamente estabelecida por ele em função daquilo que espera dela. E o que ele espera é que, por uma proliferação de sua própria substância musical, ela lhe forneça temas perfeitamente diferenciados, próprios para se ligarem aos diversos aspectos dos personagens e às peripécias da ação dramática.

o Concerto à memória de um anjo

Acabamos por chegar ao *Concerto para violino e orquestra* (46), chamado de "à memória de um anjo", sendo esse anjo uma jovem morta aos dezoito anos, filha da viúva de Gustav Mahler e do arquiteto Gropius. É nesta obra que se afirma mais deliberadamente a preocupação de unir o sistema dodecafônico e o sistema tonal. Com relação a isso, é particularmente significativa a escolha da série que, como deve ser, dará origem à obra inteira. Ela é feita de um escalonamento de terças, tanto menores como maiores.

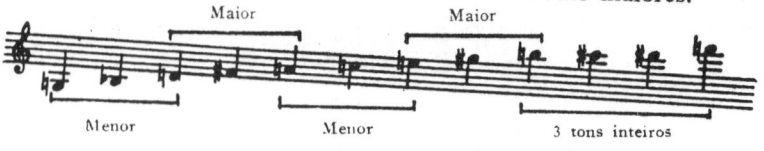

Exemplo 96.

* *Leitmotiv:* motivo condutor. (N. do T.)

Chegados ao *si* natural agudo, que é apenas o nono som da série, restam três deles: o *dó sustenido,* o *ré sustenido* e o *mi sustenido* que se organizam sob a forma de uma sucessão de três tons inteiros.

Vejamos em primeiro lugar o escalonamento das terças. Lembramo-nos de que toda a harmonia clássica repousa sobre o princípio de um escalonamento de terças sobre um som fundamental. Sabemos, por outro lado, que o dodecafonismo expõe os sons da série seja no tempo, por audição sucessiva, seja no espaço, por audição simultânea. A audição simultânea dos sons desta série, reunidos em grupos de três, nos dá o acorde perfeito de *sol menor,* o acorde perfeito maior da dominante (*ré, fá sustenido, lá*), o acorde perfeito de *lá menor* e o acorde perfeito maior da dominante de *lá* (*mi, sol sustenido, si*) (Ex. 97). Agrupando os sons em acordes

Exemplo 97.

mais complexos, podemos também obter acordes de sétima ou mesmo de nona (Ex. 98). Naturalmente, o trabalho de escrita serial pode levar o músico a agregações estranhas à harmonia tonal (Ex. 99), o que mostra quanto, na obra, os dois sistemas se interpenetram.

Exemplo 98.

Exemplo 99.

De fato, todo este concerto decorre numa espécie de tonalidade vaga que oscila entre *si bemol maior* e *sol menor.* Lembremos a passagem em que Debussy já falava, ele também, de tonalidade vaga que permitia desembocar nesta ou naquela resolução, e que Messiaen, com seus modos de transposições limitadas, introduz sistematicamente em sua música essa ambigüidade entre três ou quatro tonalidades diferentes [1].

---

[1] Ver p. 72

Mas isso não é tudo. Voltemos agora a esta sucessão de três tons inteiros que finaliza a série. Ela reproduz a seqüência de três tons inteiros que está no início de um coral de Johann Sebastian Bach, cujas palavras, traduzidas para o português, dão mais ou menos isto: "Basta, Senhor! Quando for de Vosso agrado" *. Não esqueçamos que a obra é dedicada à memória de uma jovem morta aos dezoito anos. O que justifica que, por volta do final do último movimento, Berg faça uma longa citação deste coral, nas próprias harmonias de Johann Sebastian Bach, alternando-as com as suas.

Exemplo 100.

E percebe-se, no momento em que ele aparece, que todo o *finale* — através de sua extrema tensão dramática — encaminhava-nos pouco a pouco para esse extravasamento apaziguado e sereno. Compreende-se a insistência com a qual aparece e reaparece esta figura de quatro notas a distâncias cada vez menores. E o fato de estas harmonias clássicas se inserirem na obra sem parecer, de modo algum, fragmentos enxertados, dá todo o seu sentido e a sua justificação ao objetivo deste compositor tão respeitador da tradição quanto apaixonado pelas fórmulas capazes de renová-la.

---

* Trata-se do coral *Es ist genug*, da cantata *O Ewigkeit, du Donnerwort*, BWV 60 (Ó Eternidade, Palavra Terrível). Na verdade, o coral não é de autoria de J. S. Bach — foi apenas harmonizado por ele. Quem o compôs foi Johann Rudolph Ahle (1626-1673), sobre um texto de Franz Joseph Burmeister, em 1662 — *in* H. F. REDLICH, *Alban Berg, the man and his work*, Londres, John Calder, 1957. (N. do T.)

CAPÍTULO 11.

Anton Webern.

No início deste capítulo que será inteiramente dedicado a Anton Webern, devemos confessar que a tarefa parece mais árdua do que nunca. Isto considerando a posição tomada desde o início e que era supor um leitor, seguramente de boa vontade, mas absolutamente ignorante dos mistérios da sintaxe musical. Certamente, era um desafio tentar esclarecer-lhe parte desses mistérios usando apenas um vocabulário corrente e não se apoiando em nenhuma noção adquirida recentemente senão depois de tê-la fixado bem solidamente em seu espírito.

Mas, até aqui, qualquer que possa ter sido a complexidade das linguagens musicais cujos segredos tentamos desvendar, subsistia em seu desenvolvimento uma continuidade suficiente, subsistia em seu espírito coerência tradicional suficiente para que nossos comentários tivessem alguma possibilidade de facilitar seu acesso ao leitor.

Com Webern, abordamos bruscamente um outro universo sonoro em que nenhuma lembrança já nos pode ajudar, em que nenhum rosto familiar nos sorri. Entretanto, por mais estranha, por mais descarnada em sua substância, por mais puramente abstrata que nos possa parecer, esta linguagem encerra muito mais poesia, sensibilidade e qualidade expressiva do que se pode perceber ao se penetrar nela pela primeira vez.

Pensando bem, ainda existem muitos melômanos para quem a espiritualidade da *Prece de Ação de Graças* no modo lídio que Beethoven colocou no adágio de seu *Décimo Quinto Quarteto* não significa nada. E Berlioz no entanto escreveu sobre esta obra: "Beethoven subiu tão alto que a respiração começa a faltar".

Em Webern também, para os ouvintes habituados à matéria compacta, à respiração ampla e potente da música romântica (até e inclusive a de Schoenberg e Berg), em Webern também subitamente o ar nos falta. A música se apresenta sob a forma de uma dispersão molecular no meio de um vertiginoso silêncio... um pouco desse silêncio dos espaços infinitos que tanto amedrontava Pascal.

Tentemos, em primeiro lugar, explicar através de que processo a Música pôde chegar a esta espécie de mutação.

Como já disse, nossa maneira de escutar música está condicionada por uma tradição tonal que nos esmaga com seus cinco séculos de antiguidade e que continua a viver entre nós com um vigor intacto. Schoenberg pôde muito bem se insurgir e montar contra ela, peça por peça, uma potente máquina de guerra, mas a tradição tonal conserva nas próprias obras dele fortins que ele não conseguiu demolir completamente. Alban Berg, por sua vez, optou por uma coexistência pacífica em que tonalidade e atonalidade vivem em simbiose.

Webern foi o único dos três músicos da Escola de Viena que tentou a aventura de anular e de arrancar do sistema dos doze sons, recebido de seu mestre, todas as lembranças da linguagem tonal, sempre prontas a se alojar nos desvãos da série e dos complexos sonoros originados por ela.

O primeiro meio de atingir este objetivo é, evidentemente, organizar as séries de maneira conseqüente. (Mas evitaremos qualquer análise das séries de Webern, pois esta análise, para ter um sentido, deve descer a detalhes de estrutura em que mesmo profissionais teriam dificuldades em nos seguir.) Um outro meio de exorcizar o fantasma tonal é distender ao extremo os intervalos da série, transportando os sons que os definem para oitavas muito afastadas umas das outras. Tomemos um exemplo muito simples:

dispersão da matéria sonora

Eis sete sons tomados ao acaso sobre o teclado. Suas respectivas relações dão origem a um esboço de linha melódica que evoca, de maneira transparente, os timbres de *dó menor*. Vejamos, aliás, como ela se define se lhe acrescento, no grave, a quinta fundamental *dó-sol* deste tom:

Exemplo 101.

Vamos agora dispersar os mesmos sete sons, segundo o método de Webern. Eis uma das inúmeras maneiras possíveis de proceder a esta operação (Ex. 102):

Exemplo 102.    Exemplo 103.

Mas, poderão me dizer talvez, isto já não é música. O que não é tão certo. Bastarão algumas ligações, indicações de fraseado ou de pedais para colocá-la aí (Ex. 103).

Encontram-se, nas gravações indicadas no final deste livro, obras de Webern em que este princípio de dispersão é aplicado com uma outra sutileza. Elas mostrarão aos leitores de boa vontade que nosso ouvido não está a tal ponto esclerosado que não possa conseguir perceber um salto de nona como uma inflexão propriamente musical.

Esta divisão, num imenso espaço sonoro, de bolhas de música cercadas algumas vezes de amplas zonas de silêncio, de início pode dar a impressão de abolir toda expressão melódica. Isto é apenas uma aparência. O sentimento melódico permanece presente na música de Webern, mas é uma presença impalpável, um leve perfume circulando através de um feixe de sons tênues que se desdobra em todos os sentidos, como uma teia de aranha em que o sol ilumina gotas de orvalho.

Este caráter misterioso e secreto da linha melódica de Webern é acentuado ainda pela sua distribuição entre os timbres da sua orquestra. Ela passa incessantemente de um instrumento a outro, dando acolhida a tal timbre apenas para levar o som de uma nota à seguinte, em que um timbre novo virá recolhê-lo.

Mas, no momento, escolheremos um primeiro exemplo nas *Variações para piano, Opus 27* (47) em que, precisamente, os timbres não intervêm. Na ausência dessa magia que eles sempre conferem à Música, apreenderemos de maneira mais austera, porém mais pura, o processo da dispersão da matéria sonora de que acabamos de falar.

as Variações para piano, opus 27

Em razão deste exemplo, olhemos mais de perto o que chamaremos a linguagem harmônica de Webern, ainda que estas palavras não devam ser tomadas no sentido habitual. Pois todos esses encontros de sons no espaço sonoro provêm da manipulação serial e do desenrolar de um contraponto rigoroso. Notemos que quase nunca se ouve mais de três notas ao mesmo tempo (por vezes, quatro) e que as notas associadas numa audição simultânea estão sempre numa relação que a música clássica chama de dissonância.

É preciso compreender que há uma lógica sem falhas nessa determinação de usar prioritariamente estas associações dissonantes, escolhidas entre aquelas onde a música clássica via a mais extrema tensão. Com efeito, foram essas dissonâncias que — introduzidas cada vez mais sistematicamente em suas harmonias pelos compositores de orientação tonal no começo deste século — enfraqueceram progressivamente, mas sempre com rapidez maior, todo o edifício hierárquico tradicionalmente apoiado sobre a tônica e sobre a dominante.

Da mesma maneira como em um regime democrático, quando a oposição derruba o governo, é em suas fileiras que se vai recrutar o futuro Ministério, é destas dissonâncias consideradas em si mesmas que Webern vai exigir a criação de um novo equilíbrio musical. Ele as utiliza em seu estado bruto, sem associá-las a sons consonantes que as restabeleceriam em suas antigas funções de tensão e distensão. Os complexos assim organizados deixam de ser centros de atração e de irradiação. Existem por si mesmos e o autor os distribui à sua vontade pelo espaço sonoro, por pequenos grupos entre os quais se abrem abismos de silêncio. Desse modo, a Música integra o descontínuo em sua linguagem. Um descontínuo em que cada instante será uma surpresa. Um som único e isolado romperá o silêncio e se apagará diante de um grupo de quatro sons aglomerados, aos quais se seguirá um breve contraponto em duas partes.

De fato, quase não se pode falar de escrita a duas, a três ou a quatro partes como fazia a música tonal que atribuía a cada uma destas partes uma continuidade, uma história.

Acrescente-se a este descontínuo, já implícito pela escrita, a impressão que resulta das perpétuas mudanças de timbre e do uso crescente de intervalos distendidos nas inflexões melódicas de dois ou três sons ouvidos sucessivamente.

De fato, para permanecer num ponto de vista tão geral quanto possível, é preciso dizer que: em lugar de proceder como a música clássica, por grandes ondas que subordinam ao seu movimento, à sua dinâmica, todos os elementos arrastados por elas, esta música escolhe elementos totalmente independentes uns dos outros, feitos de uma matéria rarefeita ao extremo. Ela confere a cada um deles exatamente a integralidade de seu ser, nada mais, nada menos, o que impede que um destes fenômenos sonoros possa alguma vez ser despojado de si mesmo em proveito de um outro (princípio constante da música tonal).

É o silêncio que tem o papel de garantir a integridade de cada um. Silêncio no qual nascem ou se desfazem e que basta, por sua presença ativa, para reunir as parcelas desse descontínuo musical por uma continuidade pura, estranha e toda manifestação material.

Provavelmente, há interesse, sem dizer mais nada, em remeter o leitor às obras que encontrará na lista das gravações sob o n.º 48. Nossa tentativa de iniciação às diversas linguagens musicais de nosso século desemboca aqui numa nova maneira de fazer, de ouvir e de sentir a música. Tentamos menos desmontar seus mecanismos que fazer entrever seu espírito, que destacar sua realidade poética. Nossos leitores, evidentemente, não vão se encontrar, da noite para o dia, ao mesmo nível do universo de Webern e nele penetrar com facilidade e alegria. O que importa é ter tornado compreensível que se trata de alguma coisa séria, que esta linguagem musical foi elaborada por um artista de uma rara qualidade humana e que sacrificou tudo o que um músico que entra na carreira pode necessitar ou esperar do futuro. Pois, incompreendido em sua juventude, proibido e maltratado em sua maturidade pelo regime nazista, estupidamente massacrado em 1945 em sua aldeia por um sentinela norte-americano, Webern morreu sem ter conhecido os destinos de seu esforço criador.

Estes destinos teriam sido excepcionalmente brilhantes. Sendo o único dos três músicos da Escola de Viena que verdadeiramente levou até o fim a tarefa de criar um novo mundo sonoro, Webern é também o único em quem músicos muito jovens, ávidos de espaços desconhecidos, viram, nos anos do após-guerra, aquele que lhes iluminaria o caminho.

Veremos mais tarde em ação a importante posteridade de Webern.

CAPÍTULO 12.

Diversos aspectos da pesquisa contemporânea estranha aos princípios da Escola de Viena. Prokofiev. Varèse. Jolivet.

Com este capítulo vamos fazer uma pausa; o tempo de dar lugar às diferentes tendências da música contemporânea (entre as duas guerras e depois da última) que, por não terem seguido de perto a Escola de Viena, não podem de forma alguma ser consideradas como menos legítimas e menos fecundas.

Logo de início, vamos tentar mostrar a persistência, num certo número de compositores de nosso tempo, de um "engajamento", no sentido doutrinário que se dá a esta palavra hoje, exatamente oposto ao de Schoenberg e seus alunos.

A procura obstinada de uma linguagem musical em completa ruptura com o passado é certamente uma alta ambição. Entretanto, essa pesquisa não era a única que poderia atrair os espíritos criadores, mesmo prontos a correr riscos. Mas o risco assumido por Schoenberg fazia-o, talvez, prevalecer sobre todos os outros. Ele tinha pelo menos dois aspectos: o do erro possível e o da perda do contato com o público.

O do erro possível fez com que a maior parte dos compositores entre as duas guerras seguisse com interesse, e até com simpatia, o empreendimento da Escola de Viena, mas pensavam que ele não levava a nada. Ravel, que o elogiou muito, via nele, todavia, um impasse. Assim como Bartok, Stravinsky, Hindemith e muitos outros. O futuro parece ter mostrado que estavam errados já que uma grande parte da juventude do após-guerra enveredou pela porta que os músicos da Escola de Viena, e sobretudo Webern, haviam entreaberto. Mas ainda é muito cedo para tirar disso uma conclusão segura. Um movimento muito poderoso certamente se desenvolveu na direção indicada por Webern. Mas, como veremos proximamente, ele esgotou em alguns anos as possibilidades oferecidas pela nova linguagem; e, sem renegar as aquisições cujo resultado permanece para eles, os jovens músicos de hoje não fazem mais música dodecafônica ou serial.

Quanto ao segundo aspecto do risco assumido por Schoenberg, e ao qual fazia alusão acima, é para ele que nos devemos voltar agora. Este risco é o de uma ruptura de contato entre sua estética e o público. Certamente, sempre há uma dificuldade de contato

o risco de ruptura de contato com o público

entre um músico inovador e a massa. Mas aqui se trata de fazer aceitar mais que uma estética... uma linguagem nova, uma sintaxe onde nada mais subsiste das regras, nem mesmo do vocabulário em uso até então. O fato de que um certo número de milhares de pessoas, ou mesmo de dezenas de milhares de pessoas no mundo ouçam hoje esta música com agrado não é um sinal que comprove absolutamente coisa alguma. Sempre há uma elite para sustentar os chamados movimentos de vanguarda. Mas o que chamamos o grande público continua, em todos os países do mundo, a olhar com desconfiança o que se situa para diante de Debussy, de Ravel ou de Richard Strauss (acrescentemos aí Stravinsky e Bartok para sermos menos restritivos).

Que finalmente, num prazo mais ou menos longo, as mais extremas audácias acabem por cair no domínio público não é uma certeza absoluta, mas é verossímil, e é exatamente por este motivo que nos curvamos ao esforço de contribuir para isso, por meio deste livro. Mas é preciso admitir que outros criadores, nem menores e nem menos sinceros, tenham podido abordar sob um outro ângulo sua tarefa e o que eles têm o direito de considerar como sua missão.

É perfeitamente honroso e legítimo que alguns dentre eles se tenham interrogado sobre a validade de uma atividade musical em torre de marfim, e que tenham procurado um meio de falar a seus semelhantes numa linguagem acessível ao seu entendimento. É preciso não confundir tais músicos com acadêmicos, porque o músico acadêmico é o que recorre a fórmulas comprovadas para produzir barato obras sem relevo e sem invenção, mas tranquilizantes para ele mesmo e para os outros.

Os músicos de que tratamos aqui eram, ou ainda são, autênticas personalidades criadoras, artistas cujo pensamento manifesta uma originalidade, independentemente dos meios técnicos pelos quais se comunicavam ao ouvinte.

É preciso admitir que a complexidade e a novidade de uma linguagem não são um fim em si. Um pensamento novo, em certos casos, pode precisar forjar um instrumento adequado, e é este, em parte, o caso de Schoenberg, e, certamente, o de Webern. Mas pode acontecer, ao contrário, que ele se acomode a uma linguagem existente, mas sem por isso deixar de conservar toda a sua peculiaridade. Um Mallarmé, um Rimbaud usaram as mesmas palavras e, com alguma diferença, a mesma sintaxe que Racine. E se um James Joyce ou um Henri Michaux levam às vezes suas pesquisas até a invenção idiomática absoluta, não são menos capazes de dizer as coisas mais surpreendentes com o vocabulário de todo mundo. Colocamos isso sem insistir demais nas analogias entre linguagem falada e linguagem musical, já que a evolução desta última obedece a leis bastante diferentes.

A história musical do nosso século XX nos mostra, então, ao lado dos pioneiros da pesquisa (e coloco entre eles tanto Stravinsky, Milhaud ou Bartok quanto Schoenberg, Berg ou Webern), músicos que conseguem a adesão de multidões, homens dedicados a dar uma expressão diretamente apreensível às aspirações mais ou menos primitivas ou coletivas de um público considerado em sua massa. Esta noção de massa significa, antes de mais nada, um apelo ao que há de melhor no que todos podem fazer em conjunto, numa afetividade instintiva desprovida de qualquer intelectualidade.

Um dos músicos que, depois da guerra de 1914-1918, mais deliberadamente abraçou esta causa parece ter sido Kurt Weill. Ele desfrutou em seu tempo de uma grande celebridade, um pouco esquecida hoje, mas sempre pronta a ressurgir, como revelam reapresentações recentes.

Kurt Weill

O grande achado de Kurt Weill foi partir do *jazz* para inventar um estilo absolutamente pessoal, em que tudo o que havia de envolvente, de fascinante nessa arte, de importação ainda bastante recente, encontra-se transplantado para um clima harmônico e instrumental que modifica profundamente seu caráter, mas dando-lhe ainda maior realce. Não é necessário demonstrar o mecanismo desta magia, como se procurou fazer com a de Webern. Basta ouvi-la (49).

A música de Kurt Weill é proveniente de uma tomada de posição estética. A de Prokofiev, de uma tomada de posição ideológica e, por isto, é interessante examiná-la um pouco mais de perto. Dizemos ideológica, mais que política, ainda que se não possa deixar de levar em conta, no caso de Prokofiev, um contexto político de uma evidência gritante.

Prokofiev

Já falamos de Prokofiev e de sua *Segunda Sinfonia*. Tratava-se de ilustrar através de um exemplo as tentativas que foram feitas entre as duas guerras para dar à técnica da politonalidade os destinos brilhantes que parecia ser possível esperar dela. Milhaud e Prokofiev eram daqueles que haviam levado mais longe esta pesquisa e pudemos nos surpreender pelo fato de que este último, depois de ter aberto perspectivas tão promissoras, tenha sido o primeiro a virar-lhes as costas.

Discutiu-se muito sobre o caso Prokofiev, algumas vezes para sustentar que sua grande época criadora foi a de sua estada em Paris, e que a partir de seu retorno à União Soviética, em 1934, ele ocultou sua verdade e já não produziu senão obras acadêmicas impostas pelos imperativos da era stalinista. Cremos que esta é uma maneira muito abusiva para a França de tomar o melhor para si. Quando Prokofiev vivia entre nós e o encontrávamos nos concertos e nos salões, ou ainda nas sessões do comitê da Sociedade de Concertos "Triton", ele jamais nos deu a impressão de fazer inteiramente sua a causa da música contemporânea tal como a compreendíamos.

Sem dúvida, ele era tão naturalmente músico que podia fazer tudo, experimentar tudo no domínio das pesquisas da técnica ou da linguagem, sem jamais deixar de ser ele mesmo. Não teve nenhuma dificuldade em escrever com sua *Segunda Sinfonia* uma obra-prima de música politonal. Teria podido também, se quisesse, escrever uma obra-prima dodecafônica. Mas, na realidade, considerava a música com essa pureza, esse despojamento que a *Sinfonia Clássica* (50), escrita em 1917, demonstra-nos. Aliás, que ele possa ter sido tentado, ou até seduzido, pelas estéticas de vanguarda com as quais tinha contato, não resta dúvida. Mas isso sempre permaneceu bastante superficial; e ele certamente não repetia uma lição aprendida sob coação quando escrevia em 1937, depois de seu retorno à União Soviética:

"Não estamos mais no tempo em que se compunha música para um círculo de estetas. Agora as grandes massas populares em contato com a música séria esperam e interrogam. A procura de uma língua musical que corresponda à época do socialismo é difícil, mas aí está um nobre problema para um compositor. Em nosso país a música tornou-se domínio de massas enormes. Seu gosto e seu desejo artístico crescem com uma rapidez extraordinária. E o compositor deve *corrigir* cada uma de suas novas obras em função desta evolução."

Segue-se uma conclusão bastante inesperada:

"Eis por que cada tentativa do compositor para uma simplificação é um erro. Toda tentativa para se colocar ao alcance do ouvinte esconde ao mesmo tempo uma depreciação da maturidade de sua cultura e da evolução de seus gostos. Uma tentativa como essa envolve um elemento de insinceridade."

Esta conclusão é extremamente importante porque afirma de maneira categórica que não se trata de forma alguma, para o compositor, de renunciar a si mesmo para se colocar ao alcance de seu ouvinte. Nada de nivelamento por baixo. Mas à pergunta que lhe é colocada, Prokofiev a formula assim: "O artista pode ficar afastado da vida, pode encerrar-se numa torre de marfim, limitar por emoções subjetivas o círculo de suas criações, ou deve estar presente em toda parte em que é útil, onde suas palavras e sua música podem ajudar o povo a viver melhor e mais profundamente?"

Daí essa preocupação de que nos dá conta a Sr.ª Mendelssohn Prokofiev, esse desejo de uma língua musical simples e clara.

"Ele pensava nisso, diz ela, há longo tempo com obstinação, e esses pensamentos o agitavam profundamente. Mesmo quando ele falava de clareza e de simplicidade, dizia sempre que não se tratava da simplicidade antiga, consistindo na repetição daquilo que já havia sido dito, mas de uma simplicidade nova, ligada ao sentido novo de nossa vida."

Não nos enganemos quando fala da "repetição do que já foi dito" — Prokofiev vai ao encontro do que escrevíamos há pouco. Isto é, condena sem equívoco o academicismo. O milagre, nele, é que tenha sido, na URSS, um tipo de músico de forma alguma escravo do regime, mas imbuído de alguns grandes princípios próprios a esse regime, e que toda a sua criação seja a afirmação de uma das personalidades mais marcantes de nosso tempo, ainda que use uma técnica que poderia parecer caduca mesmo a compositores do final do século XIX.

É por aí que se mede o quanto as preocupações de linguagem podem parecer inúteis quando nos encontramos na presença de um homem que as domina a esse ponto.

Seria provavelmente bem difícil citar em nosso século XX um outro compositor que use com tão serena segurança o acorde perfeito de três sons, sem o acréscimo de nenhuma dissonância. O balé *Romeu e Julieta* (51) está cheio deles. Mas, repentinamente, ele substitui, por exemplo, o acorde esperado pelo mesmo acorde transposto um semitom, e eis-nos lançados, antes mesmo de ter tomado consciência disso, numa tonalidade completamente diferente.

Este é um dos procedimentos entre cem outros que permitem a Prokofiev extrair da harmonia tonal e consonante os efeitos mais imprevistos. Acordes perfeitos, talvez, mas ele os encadeia como nenhum outro: substituição dos acordes próprios à tonalidade em que muito claramente nos colocou, por acordes emprestados a outras tonalidades que introduzem aspectos brilhantes no desenvolvimento harmônico, sem nem sequer dar lugar a essas mudanças de tons que chamamos modulações.

O caso de Prokofiev não foi lembrado aqui para nos pôr em dia com a História da Música. Este livro não tem nada a ver com a História da Música. Não menciona músicos eminentes, dá lugar eventualmente a músicos menores, porque se prende ao seu propósito inicial, isto é, às questões de linguagem. A tomada de posição de Prokofiev nos interessa deste ponto de vista porque representa uma tentativa de falar à grande massa do povo russo uma linguagem de forma alguma primária, e ainda menos primitiva, mas luminosa, elevada e sutil, uma linguagem musical que eleve quem a recebe acima de si mesmo, sem nada conceder aos seus apetites de fácil sedução.

É a este título, e preservando-nos de toda aproximação ou oposição de valor, que o nome de Prokofiev inscreve-se muito naturalmente nestas páginas ao lado dos de Schoenberg ou de Webern.

Edgar Varèse

Fechado este parêntese, devemos agora retomar nosso caminho, e este caminho nos leva para o que seríamos tentados a chamar de o último estado da questão, se é que poderia haver um último estado para uma questão que muda de aspecto todos os dias, de dados e de participantes. A aceleração vertiginosa da evolução das artes segue a dos costumes e das ciências. É um fenômeno da época. É preciso tomá-lo tal como ele se apresenta, e tentar destacar dele ao menos os valores permanentes que subsistem nesta valsa louca e que nos permitem descobrir-lhe um sentido profundo.

Esta será nossa tarefa quando abordarmos a descrição e a tentativa de tradução da música pós-weberniana que, durante anos, foi chamada de música serial e que, aliás, se continua a denominar assim, embora tenha deixado de responder à definição implícita nesta denominação. Entretanto, para abordar esta fase particularmente movimentada da História mais recente, falta completar o inventário do que a precedeu, do que a preparou, numa certa medida, e do que a influenciou, em maior ou menor grau, seja por filiação direta, seja mesmo por uma oposição declarada, se não legítima, simplesmente razoável.

Então, vamos falar de um homem, morto muito recentemente com uns oitenta anos, e em quem toda a jovem geração saúda e venera o iniciador de uma de suas maiores crenças. Este homem é Edgar Varèse. Durante toda a sua vida ele foi um compositor um pouco à margem, não tão ignorado quanto se diz, mas um homem em quem as tomadas de posição combativas absorviam larga parte da força propriamente criadora. De modo que toda a sua produção se resume numa dezena de obras particularmente decisivas, mas de dimensões modestas.

O que traz a música de Varèse ao campo da linguagem musical — já que é disto que nos ocupamos aqui — e quais são as razões de seu imenso prestígio junto à juventude? A este respeito, permitir-me-ei uma lembrança pessoal que me fornecerá um ângulo cômodo para abordar o caso Varèse.

Por volta de 1933, tive a ocasião de passar uma noite com Varèse e o regente Mitropoulos. Ainda revejo nós três inclinados sobre a partitura da obra de Varèse denominada *Amérique* (América), que olhamos página por página seguindo os comentários do autor. Esses comentários tinham de surpreendente, e para mim inesperado, o fato de que pareciam os de um engenheiro acústico muito mais que de um compositor. Varèse explicava toda a sua obra como uma seqüência de fenômenos sonoros que decompunha para nós, analisando as interferências provocadas por tais aproximações de timbres, tais aglomerados de sons, calculando as freqüências elevadas que a intervenção deste ou daquele instrumento, de tal címbalo, e assim por diante, acrescentava ao conjunto.

Estas são noções que se tornaram familiares, sobretudo depois do aparecimento no universo musical da música chamada eletrônica (da qual nos ocuparemos mais adiante). Mas, na época, esse gênero de preocupação parecia pertencer ao domínio da Ciência mais que ao da Arte, e não se tinha ainda compreendido a que ponto estes dois campos se interpenetram na realidade.

A que correspondia essa atitude de Varèse diante de sua própria obra? Bem, correspondia à consideração do fenômeno sonoro enquanto tal. Este fenômeno não é mais olhado como a possibilidade ou a matéria-prima de uma construção formal feita de combinações de escrita entre os elementos plásticos, rítmicos, racionais, que são da competência do pensamento abstrato, mas é tomado em si, como uma realidade concreta, compacta, suculenta, saborosa, independentemente da mensagem intelectual de que está carregada.

<small>o fenômeno sonoro em si</small>

Para Varèse, a volúpia sonora não é um valor de segunda mão, é uma qualidade primordial da Música. Mas, entendamos bem, esta volúpia não tem nada de uma carícia epidérmica. Não convida a desfalecimentos elegantes. Seria mais uma violação do ouvido, uma posse física entendida no seu sentido mais dionisíaco, o que faz da agressão o mais poderoso impulso da satisfação erótica.

Em razão disso, Varèse recusa a sedução fácil dos instrumentos de cordas. O bloco duro e cerrado dos metais enriquecido ao mesmo tempo que arejado pela família inteira das madeiras: eis aí seu instrumental predileto. A ele se acrescenta um efetivo esmagador de percussões, cuidadosamente hierarquizadas entre si segundo sua potência, sua altura e a definição de sua sonoridade. Ele chega até a inventá-las para satisfazer a sua necessidade de efeitos inauditos. Ele escreve sobre si mesmo, no tempo de suas pesquisas: "Tornei-me uma espécie de Parsifal diabólico na procura, não do Santo Graal, mas da bomba que faria explodir o mundo musical, deixando entrar todos os sons pela brecha — sons que na época eram chamados de ruídos".

Pois, para Varèse, o limite entre sons e ruídos deixa de ser uma barreira. "A riqueza dos sons industriais, escreve ele, os ruídos de nossas ruas, de nossas portas, os ruídos no ar certamente transformaram e desenvolveram nossas percepções auditivas." É isto que deveria levá-lo, nos últimos anos de sua vida, a um trabalho de laboratório nos processos do que se chamou, na França, música concreta, e da qual falaremos no final deste livro, juntamente com as técnicas da música eletrônica.

A melhor obra eletrônica de Varèse é a que ele realizou para ser ouvida no pavilhão Philips, na Exposição de Bruxelas, e que lhe havia sido encomendada por Le Corbusier, arquiteto desse pavilhão (52). Mas, para entrar verdadeiramente no jogo de sua música e no conhecimento profundo de sua sensibilidade, não poderíamos encontrar nada mais convincente que *Intégrales* (Integrais) (53), uma peça bastante curta, que coloca em ação um conjunto orquestral bastante numeroso.

Ao que dissemos até aqui da personalidade de Varèse, convém acrescentar que não se trata de forma alguma de um delirante quebrador de vidros, mas de um poeta. Um poeta maldito, se se quiser, mas um homem que de modo algum ama o ruído pelo ruído, mas que o organiza com um gosto refinado, podendo fazer parte deste refinamento, eventualmente, uma certa crueldade. A construção da peça é clara, quase evidente. Encontram-se nela temas melódicos de uma plasticidade admirável e cujas aparições ou reaparições são sempre elaboradas com uma arte consumada. Assinalemos, em particular, na última parte, a intervenção de um oboé solo que, sem barulho nem ênfase, contenta-se em falar ao coração. Não se poderia ir mais longe na expressão despojada de uma sensibilidade delicada e profunda.

Esta obra, *Intégrales,* foi escrita por Varèse em 1925. De fato, o essencial da produção do músico situa-se entre as duas guerras; um silêncio de vinte anos separa esta produção das duas obras eletrônicas dos últimos anos da vida do autor. Vinte anos ocupados antes de tudo por pesquisas de laboratório.

É aqui o lugar de acentuar, mais uma vez, a extraordinária profusão de estéticas diferentes que coexistiram nesse período de entre-guerras. Fiel a meu propósito, abster-me-ei de toda enumeração que possa parecer uma lista de laureados. Mas para permanecer no domínio da linguagem, uma exceção deve ser feita para Albert Roussel.

Albert Roussel

Albert Roussel também empregou inovações de linguagem que lhe valeram dificuldades para encontrar em vida a audiência que merecia. Foi dos primeiros a afastar de sua obra o maior-menor clássico, e a enriquecer a Música com modos de proveniências diversas, incluindo os desse Extremo Oriente em que Messiaen logo iria buscar as fontes de uma sintaxe nova. Albert Roussel também tem seu lugar no movimento de libertação das regras tonais. Não que ele tenha escrito música atonal, mas porque criou um sistema harmônico em que foi abolida essa tirania da fundamental, cujo mecanismo desmontamos no começo deste livro. Lembremos que lá esclarecemos a noção de acordes em sua posição fundamental (uma das chaves da escrita de Ravel) ou em sua posição invertida (uma das chaves da escrita de Roussel).

o quarto de tom

Também é preciso falar rapidamente de uma outra tentativa de renovação da linguagem, que tomou certo vulto entre as duas guerras através de dois grupos, um em Praga, outro em Paris.

Trata-se de uma música que já não se contenta com a escala de doze sons em uso há séculos e que divide a oitava em intervalos menores que o semitom. Na prática, esses músicos adotavam o quarto de tom. Encontram-se vinte e quatro deles no interior da oitava e numerosas obras foram escritas nesta nova maneira, em Praga, por Aloys Haba, em Paris, por Wischnegradsky.

Em si, esse sistema não é menos legítimo que qualquer outro. As músicas hindu e árabe não se servem de nossa escala de doze sons. E se a única justificação que podemos dar para esta escala é a da ressonância natural, sabe-se que ela não é aplicável à gama temperada utilizada desde o século XVIII. Dividir a oitava em vinte e quatro secções iguais não é nem mais nem menos arbitrário que a dividir em doze. Isto é uma simples convenção a ser estabelecida. Mas do instante em que partimos deste princípio, todas as convenções são possíveis.

A mais simples — é Debussy quem nos ensina — consiste em suprimir os semitons e em usar a gama por tons inteiros. As seis notas desta escala são retiradas das doze da gama temperada cromática na razão de uma sobre duas. Mas se pode também criar escalas feitas de outros sons que não aqueles que usamos. Se, por exemplo, dividimos a oitava em sete secções iguais (e não mais em seis como fazia Debussy), os intervalos entre os sete sons obtidos são menores que tons (pois que há seis tons na oitava) e maiores que semitons (que são em número de doze). Temos aí um sistema temperado de sete sons, desconhecido em nossa linguagem ocidental, mas familiar aos músicos tailandeses que fazem sobre esta escala uma música muito bonita (54).

Se, por outro lado, tomamos por base o intervalo de um tom (que o semitom divide em dois e o quarto de tom em quatro partes iguais), nada nos impede de adotar uma divisão não mais binária, mas ternária. Poderíamos, pois, construir uma música comportando no interior da oitava seis tons inteiros, dezoito terços de tons, e até mesmo trinta e seis sextos de tom. De fato, uma tal música não se contenta em ser uma possibilidade. Ela existe perfeitamente no México onde o compositor Carillo multiplicou as experiências nesse campo, criando mesmo para este fim instrumentos especiais.

Não é preciso dizer, por outro lado, que nos sistemas musicais não-temperados do Oriente e do Extremo Oriente, utilizam-se normalmente sons que traduzimos segundo nossas visões de ocidentais, por alterações de um terço, de um quarto, de um sexto de tom aplicadas aos nossos sons tradicionais. Eles não têm absolutamente esse sentido para os orientais, que vêem neles entidades de um valor absoluto, que tomam lugar, cada uma com sua dignidade própria, na imensa diversidade de seu sistema modal. É o que explica que os tratados sânscritos enumerem não menos de sessenta e dois modos básicos — ou *ragas* — e que os modos derivados de que se servem os músicos da Índia possam, de fato, ser contados às centenas.

Mas não estamos ainda no tempo em que esse imenso inventário poderá ser explorado com proveito por nossos compositores. Os empréstimos de um Messiaen às *ragas* hindus são de alcance limitado uma vez que é obrigado a esvaziá-los de sua substância fazendo-os entrar em nosso sistema temperado.

É muito possível, é verossímil mesmo, que a evolução da música ocidental deva levar, algum dia, nossos compositores ao abandono do temperamento. Nestes últimos vinte anos, seguiu-se a direção inversa, já que o dodecafonismo e o sistema serial estão ligados ao temperamento. É, então, a sorte deste último que, numa larga medida, decidirá da sorte das técnicas de um terço, quarto ou sexto de tom. Até aqui elas só atraíram um número reduzido de pesquisadores.

O principal foco deste movimento situa-se entre as duas guerras, em Praga, em torno de Aloys Haba. Mas, ao mesmo tempo, Wischnegradsky dedica-se, em Paris, a uma pesquisa paralela que o leva a realizações bastante interessantes e de uma qualidade musical talvez superior.

Para completar, é preciso acrescentar que, de uma maneira muito menos doutrinal, alguns músicos puderam isolada e passageiramente servir-se de intervalos de quarto de tom. Citaremos, nos anos 30, Georges Enesco que, preocupado em redescobrir uma tradição antiga, às vezes faz cantar seu *Édipo* em quarto de tom. Depois da guerra, Pierre Boulez usa igualmente estes intervalos em certas passagens de sua cantata *Visage Nuptial* (Rosto Nupcial).

André Jolivet

De Varèse, de quem falamos mais acima, passaremos agora a um músico que foi seu aluno e que sofreu muito acentuadamente sua influência em suas primeiras obras, para em seguida desligar-se dela completamente. André Jolivet tem, ele também, sua linguagem e, como não podemos classificá-lo em nenhuma das categorias que sucessivamente exploramos, é preciso dar-lhe um lugar à parte. Quando muito poderíamos aproximá-lo de Messiaen, sem poder, aliás, definir exatamente qual desses dois músicos, que militaram juntos em sua juventude, influenciou o outro. De fato, não resta dúvida de que a curiosidade devoradora de Jolivet desde cedo orientou suas investigações para as músicas estranhas ao nosso sistema pitagórico. Os dois músicos partilharam dos achados que ele havia feito, mas rapidamente divergiram quanto à sua utilização.

O espírito metódico e profundamente impregnado de tradição clássica de Messiaen conduziu-o a uma espécie de anexação de certos elementos dessas músicas e à introdução deles em um complexo de uma faustosa opulência e de uma coesão inteiramente cartesiana. André Jolivet, mais instintivo, menos dirigido desde o início, procurou muito menos assegurar suas posições, construir sistematicamente sua própria máquina de guerra do que experimentar, por sua conta, tudo aquilo que nos mestres de seu tempo poderia ser-lhe um alimento proveitoso.

É assim que Messiaen, sobre os modos recentemente descobertos por ele, construía uma linguagem harmônica em que o ouvido reconhecia a todo instante sonoridades familiares e que trazem bem sua marca de origem, a marca do sistema tonal.

A quem lhe fala da origem tonal desses acordes, Messiaen replica que esses acordes têm, em seu próprio sistema, uma função completamente diferente; o que é exato. Mas nós, ouvintes, fomos nutridos pela música clássica, escutamos sem nos colocar perguntas e, ouvindo esses acordes, sentimo-nos num clima familiar.

Nessa mesma época, André Jolivet descobria em Bartok alguns dos procedimentos que analisamos a respeito desse músico, assim como suas referências à secção áurea. Descobria também o dodecafonismo ainda recém-nascido de Schoenberg e era atraído, não pela doutrina em todo o seu rigor, mas por alguns dos princípios mais fecundos que haviam justificado sua pesquisa.

De Varèse aprendeu a abordar a Música considerando o fenômeno sonoro em si. A atenção prestada às leis da Acústica levava-o a um estudo sistemático da ressonância e ele escreveu, entre outras coisas, uma *Suíte* de seis peças para piano intitulada *Mana* (55), cuja ressonância natural torna-se, graças a um jogo de pedais minuciosamente estabelecido, como que o seu elemento principal. Estando o pedal abaixado e todas as cordas do piano ficando, conseqüentemente, livres de seus abafadores, todo som atacado provoca a vibração de todas as cordas que estão para ele na relação de harmônico para fundamental.

Com o pedal abaixado produzem-se, então, entre os sons integrantes de uma harmonia dada e os harmônicos que eles põem em movimento, encontros, interferências e atritos que podem ser estudados neles mesmos. É em função dessas teorias que Jolivet regula os intervalos entre os sons realmente emitidos, dando assim origem a um jogo sonoro sutil e variável à vontade entre as notas escritas e a sua resultante não escrita.

Em certos casos, as ressonâncias naturais de um som, preponderando na polifonia, tendem a envolver esse som com uma atmosfera harmônica clássica. Imediatamente o autor a atravessa com harmonias estranhas que restabelecem a flutuação atonal procurada. Será interessante tomar conhecimento desta suíte notável pela gravação que dela foi feita.

Com efeito, o que Jolivet procura de maneira metódica, aqui como em outra parte, é atribuir à sua música uma função mágica, encantatória. Para isso concorrem uma rítmica muito complexa e o uso corolário de uma percussão muito grande, rica em instrumentos exóticos e na qual o som e o ruído se misturam de maneira orgânica, podendo o som, em certos casos, atuar como uma espécie de ressonador dos ruídos distribuídos pela percussão.

É esta procura de sonoridades novas, num campo durante muito tempo considerado como extramusical, que conduziu Jolivet a um estudo exaustivo do instrumento eletrônico construído pelo engenheiro Maurice Martenot. Messiaen também utilizou muito o Martenot, mas quase não lhe exige senão o que exige dos outros instrumentos da orquestra, apenas com uma extensão, uma mobilidade ou uma potência superiores. A preocupação constante, em Jolivet, em ultrapassar as fronteiras do mundo natural por alguma operação fabulosa e mágica, conduziu-o a descobrir no Martenot recursos que seu próprio inventor talvez não tivesse suposto. Testemunham isso os uivos sinistros dos cães do Érebo que nos faz ouvir em sua *Suíte Délfica* (56).

No tratamento da voz, Jolivet procurou igualmente quebrar os quadros tradicionais. Ele encontra meios, com doze cantores, de nos fazer ouvir uma verdadeira orquestra e, ainda aqui, nada podemos fazer de melhor que remeter o leitor a essa espécie de sinfonia vocal que ele realizou com seu *Épithalame* (Epitalâmio) (56).

CAPÍTULO 13.

Música serial.

Chegamos a um ponto de nosso empreendimento em que este se destrói a si mesmo pelo jogo natural de suas próprias leis. Até aqui, com efeito, sempre nos foi possível parar o desenrolar do tempo, como um instantâneo fotográfico pára o movimento de uma corrida.

Isto nos permitiu visões sucessivas sobre os diferentes estados que a obra dos grandes inovadores fez com que a linguagem musical percorresse, entre os últimos anos do século XIX e o período mais recente. Algumas vezes, para os compositores cujo esforço voltou-se para a pesquisa sistemática de uma renovação total dessa linguagem, fomos levados a tirar dois instantâneos, um antes, o outro depois da reforma. Este foi o caso de Schoenberg, Berg, mas sobretudo de Webern.

Isto se nos torna impossível com relação aos compositores da geração pós-weberniana, já que a aventura musical em que se lançou a jovem geração apresenta-se como uma evolução vertiginosa. A palavra revolução conviria melhor, no sentido em que se fala da Revolução Francesa de 1789, isto é, de uma imensa desordem na qual todas as peripécias sucedem-se num ritmo cada vez mais acelerado, onde a ordem penosamente estabelecida é imediatamente derrubada por uma outra, de uma audácia, de uma ambição e de uma intransigência ainda maiores. Sabe-se que a revolução devora seus filhos. Esta revolução musical não devora seus músicos criadores, mas mal poupa as obras que saem de suas penas e que exigências sempre mais severas de estilo, e sobretudo de técnica, fazem parecer caducas, até aos olhos de seus autores, apenas alguns anos depois de sua criação.

Essa aceleração quase angustiante da pesquisa musical não é, aliás, um fenômeno isolado na época em que estamos. É encontrada em todas as artes e, sobretudo, nas ciências que parecem estar na origem desse arrebatamento da formidável máquina de viver e pensar que se tornou a nossa civilização contemporânea.

O movimento pós-weberniano, cujo dinamismo conquistou uma grande parte da juventude, criou no mundo musical uma

o movimento pós-weberniano

situação sem precedentes. Ele pretendeu ser, pelo menos de início, uma ruptura total e violenta com tudo aquilo que o precedeu. Instalou, então, uma espécie de estado de guerra, em nada semelhante a essas lutas de "antigos e modernos" que conhecemos muito freqüentemente na História. No passado, um certo sentido da tradição, mantido através das tendências hostis, favorecia entre elas uma circulação que com o tempo se transformava em fusão pura e simples. Nestes quinze ou vinte últimos anos, estreitamente ligados entre si por suas doutrinas e por sua ação comum, os músicos recrutados nesse batalhão de choque cercaram-se de uma muralha da China.

Não há muralha que não ceda à erosão do tempo. Hoje aparecem os primeiros sinais de próximos reencontros com uma tradição que não se poderia relegar ao nada sem se condenar a logo partilhar sua sorte.

Entretanto, a atmosfera permanece carregada. Se os músicos pós-webernianos agora compreendem e não mais se abstêm de afirmar a continuidade do grande movimento secular de que são a ponta de lança, continua a existir uma contradição entre esse relaxamento de sua atitude e a manutenção das barreiras que os separam e que separam seu público de tudo o que, no movimento musical, não está integrado à sua comunidade.

da vanguarda A palavra vanguarda não significaria nada se não se aplicasse à linha de frente de uma tropa mais numerosa que progride igualmente na mesma direção. Em todos os exércitos do mundo este papel é reservado aos mais jovens, portanto, aos mais ágeis e aos mais ardentes, mas sua ação não suprime a do grosso da tropa, sua existência não lhe retira seu direito a existir, e não desmente em nada a importância de seu papel ou o valor de seu próprio combate. Há, então, uma coexistência inevitável entre as diferentes gerações que permanecem simultaneamente em plena atividade, não podendo a atividade das mais antigas modelar-se a partir das mais recentes sem se condenar ao ridículo, à inautenticidade e ao fracasso. Não há uma escala de valores absoluta que confira aos caçulas uma prioridade sobre os mais velhos. Há uma disposição das formações de combate no tempo, das ondas de assalto que a Música leva para diante sem cessar, na conquista de seu espaço vital.

Diremos mais, não há provavelmente senão uma única vanguarda. Ninguém pode contestar os jovens músicos pelo fato de procurar seu caminho como franco-atiradores, sem se dobrar a regras mais ou menos ditadas por líderes. É igualmente isto que hoje se vê acontecer e chegaríamos a dizer que esses franco-atiradores têm direito a todo o nosso respeito, pois a vida se faz dura para eles, e talvez lhes seja necessário mais coragem para salvaguardar sua independência que para apanhar, no rastro dos passos dos líderes, as magras folhas de louro que o vento da corrida arrancou-lhes.

O espetáculo do mundo da Música, na hora em que estamos é então o seguinte: músicos de sessenta anos ou mais, que pertenceram à vanguarda entre as duas guerras e que permaneceram muito razoavelmente fiéis a si mesmos, sem que isso implique, de qualquer modo, uma esclerose de sua faculdade criadora. Já se falou de vários dentre eles (não tendo essa escolha nenhuma significação qualitativa) e sendo o que foi dito de sua linguagem, com exceção das nuanças, válido para os outros, não se tem que voltar a eles.

tendências diversas da música de hoje

Uma geração de músicos que ultrapassou os quarenta anos, entre os quais se manifestam tendências bastante diversas, em que o respeito à tradição mistura-se ao gosto por certa audácia controlada. Há entre eles alguns grandes músicos e numerosas personalidades atraentes e o que podemos encontrar de comum entre eles é precisamente o que os separa uns dos outros, isto é, seu individualismo. Cada um tem seu estilo, sua técnica, sua linguagem própria. Mas um ouvinte que já tenha chegado a um conhecimento mediano dos modos de expressão da música moderna, desde o Stravinsky da *Sagração da Primavera* até o Berg de *Wozzeck* ou o Webern da *Segunda Cantata,* pode compreender sem grande dificuldade o pensamento desses compositores. Isto nos dispensa de prosseguir estudando-os, o que só seria possível tomando-os um a um. Seriam necessários vários volumes [1].

Enfim, há os jovens. Termo muito geral, já que incluímos nele o conjunto dos compositores de vinte a quarenta anos. É precisamente nesta geração que vamos encontrar os compositores pós-webernianos que militam no movimento chamado da música serial. A estes, é possível considerá-los globalmente, já que se exprimem numa linguagem de época que, para um observador superficial, tende a tornar suas obras um tanto intercambiáveis.

a música chamada "serial"

Mais adiante iremos revestir de uma realidade mais concreta este termo música serial. Mas primeiro é preciso dizer mais uma vez que a técnica serial não tem a unanimidade na geração de que falamos. Muitos jovens procuram seu caminho fora de suas leis e sofrem por isto um descrédito complacente sustentado por seus adversários com a cumplicidade de grande parte da crítica... que nem sempre desempenha neste caso o papel de informação imparcial e serena que deveria ser o seu. Aliás, não é unicamente com relação a estes jovens que uma parte da crítica falta com

---

1. Fiel ao meu intento, não cito nenhum nome. Mas como há, entre esses músicos de mais de sessenta ou de mais de quarenta anos, alguns dos maiores compositores de nossa época, recomendo vivamente a leitura de livros como: *Vingt ans de musique contemporaine* de A. GOLÉA (Seghers) ou *La musique française contemporaine* de CL. ROSTAND (Presses Universitaires de France).

esta missão. Preocupada — e justamente preocupada — em evitar os erros que tão freqüentemente barraram o caminho aos inovadores do passado, ela se quer militante e já não se dá conta senão da atividade da vanguarda oficial; o que é cair no excesso contrário.

Infelizmente, um pouco como foi o caso da geração precedente, encontramo-nos, nessa fração da juventude, diante de individualidades que pesquisam, cada uma por sua própria conta, e das quais só seria possível falar seguindo-as individualmente em suas pesquisas, o que não pode ser feito aqui.

Por outro lado, é preciso reconhecer que o movimento da música chamada serial é cada vez mais como uma bola de neve, não apenas entre os compositores, mas também entre o público. Estamos diante de um fenômeno de uma importância considerável que doravante vai ocupar-nos completamente.

O que foi dito do dinamismo desse movimento em perpétua e rápida transformação impede de considerá-lo parado — seria falsear seu sentido. Por outro lado, ainda que ele tenha dado lugar a uma espécie de proliferação mais ou menos simultânea em diversos países da Europa, pode-se admitir que, de início, o impulso mais vigoroso dado a este movimento foi o do músico francês Pierre Boulez. Não é certo que, sem ele, o movimento tivesse conhecido sua extraordinária amplitude. E é preciso acrescentar que sua ação despertou rapidamente, um pouco em toda parte da Europa, personalidades de primeiro plano que lhe deram uma impressionante envergadura.

Pierre Boulez

Os líderes da música serial, os que contam verdadeiramente, não são muito numerosos, ao passo que seus epígonos são legião. Mas se se considera que, há séculos, em cada geração de músicos a seleção dos grandes nomes permanece extremamente limitada, é preciso honestamente reconhecer que a colheita do pós-guerra foi de uma abundância notável.

Esses músicos têm como sinal distintivo, evidente em muitos deles, uma inteligência excepcional. São, por outro lado, tecnocratas de um nível científico pouco comum. Há, por trás de cada página saída de suas penas, uma armadura de especulações abstratas cuja complexidade e solidez lhes asseguram uma rara força dialética.

Dir-me-ão que não é isto que a maioria dos melômanos pede à Música. Até nossos dias, talvez. Mesmo isto não é certo. A enorme proporção de cerebralidade que Johann Sebastian Bach colocou na *Arte da Fuga* não impede milhões de ouvintes de escutar religiosamente essa obra das mais austeras. É o privilégio do gênio realizar a conciliação miraculosa entre a liberdade criadora e os mais imperativos rigores da legislação gramatical. Isso quer dizer que o gênio tocou com sua asa os músicos, ou certos músicos, da disciplina serial? Nada sabemos sobre isso, mas o gênio, presente ou futuro, é a hipótese de base de todo empreendimento novo em matéria de Arte. Todo sistema, todo modo de expressão imaginado pelo homem espera o gênio, através do qual o espírito virá nele fazer sua morada. A única conduta a sustentar diante de um fenômeno como este, com que nos confrontamos hoje, é tentar honestamente compreendê-lo a fim de que a parcela de verdade eterna, da qual talvez ele seja o intérprete, não encontre em nós uma porta fechada.

Se tentamos, então, tomar consciência do que aconteceu nos anos que se seguiram à guerra, encontraremos uma plêiade de jovens músicos chegando à maturidade, seguros de terem assistido, sem nela tomar parte, a uma grande mutação da História, sentindo-se encarregados de dar uma representação absolutamente nova do mundo que dela acaba de emergir. Descobrem nesse instante, num passado ainda bastante próximo, uma bomba que não explodiu. Essa bomba é o dodecafonismo de Schoenberg, Berg e Webern, conhecido mas não adotado por seus contemporâneos do período entre-duas-guerras. Eles se jogam nisso, lançam-se com paixão a desencadear a explosão com que sonham. Mas muito depressa compreendem que Schoenberg e Berg contêm apenas uma carga bastante fraca de dinamite e percebem no final de seu caminho as paisagens ordenadas do sistema tonal que eles recusam. Em contrapartida, Webern introduz-lhes um mundo virgem. É, então, muito naturalmente dele que vão partir.

As primeiras obras de Boulez acusam esta filiação sem equívoco. Como em Webern, a matéria musical aparece retalhada, dispersa ao extremo no espaço e na duração. Mas, por mais diáfana que nos parecesse a matéria musical do mestre vienense, ela guardava, entretanto, em muitas de suas obras, um aspecto austero em que o espírito da combinação levava a palma sobre o efeito auditivo. Há no estilo de Boulez uma liberdade, uma elegância no fluir que se impõem ao espírito do ouvinte, uma vez que este tenha aceito o universo sonoro no qual o autor nos introduz.

Mas, naturalmente, ele deve tê-lo aceito em primeiro lugar. Se se resiste a esta linguagem, ela parece descosida e abstrata, e tudo o que poderia ser dito para demonstrar sua lógica e destacar seu lirismo seria trabalho perdido. As idéias gerais às quais este capítulo limitou-se até aqui serão, talvez, a sua melhor introdução, melhor que qualquer ensaio de explicação técnica.

Por essa razão, convidaremos o leitor a tomar um primeiro contato com esta música escutando o movimento lento da *Segunda Sonata* de Pierre Boulez (57).

Talvez seja brincar com a dificuldade, estando a obra privada por natureza da sedução dos timbres. Nesse caso, é preciso não se deixar desencorajar e prestar atenção à primeira obra para canto e orquestra de Boulez que foi executada diante de um público. Não absolutamente como esse público a ouviu quando de sua estréia, mas tal como o autor a quer hoje. Pois Boulez, esse pesquisador apaixonado, corre um risco a cada nova obra mas, artista exigente, reserva-se a possibilidade de refazê-la mais tarde para corrigir as conseqüências desse risco. Esta versão de *Soleil des eaux* (Sol das Águas) (58), sobre poemas de René Char, é então a terceira e, pelo grau de despojamento a que foi levada a partitura, parece que se pode considerá-la como definitiva.

Chegamos agora à música chamada serial. No ponto de sua evolução em que acabamos de seguir Pierre Boulez, a técnica absoluta praticada pela música serial ainda não está na ordem do dia. Acrescentemos que, como hoje ela foi abandonada pelos que foram seus adeptos, este episódio da história da música de nosso tempo terá sido de duração muito curta. Isto não tira nada de sua importância e não apaga os rastros que deixa atrás de si. Por esta razão, devemos examiná-lo com cuidado.

O que é, então, a música serial? É o que vamos ver.

Até *Soleil des eaux,* Pierre Boulez utilizou, bastante livremente aliás, o dodecafonismo tal como o estudamos muito particularmente em Anton Webern. Mas seus instintos de construtor e as exigências de seu espírito criador não se satisfazem com esta semi-organização da obra musical que consiste em legislar rigorosamente sobre os sons e os intervalos entre esses sons, deixando ao acaso e ao arbitrário os outros elementos constituintes da matéria musical. Estes elementos, quais são eles? Além das alturas (que são regidas pela série dodecafônica), há as durações e a distribuição dessas durações (donde decorre o ritmo). Há os timbres (elementos de cor do som). Há as intensidades (que se exprimem pelos *forte*, os *piano* e outras nuanças intermediárias).

o Modo de valores e de intensidades de Messiaen

Boulez sonha com uma estruturação total do espaço sonoro na qual esses quatro elementos, domesticados pelo princípio da série, se entrelacem num conjunto, em perfeita coesão. Ele não é o único a ter esse sonho. Olivier Messiaen, mais velho que ele e o mestre do qual há tempos recebeu ensinamentos, acaba de fazer as primeiras incursões nesse desconhecido bastante duvidoso com uma peça de piano, executada em Darmstadt em 1949 sob o título: *Modos de valores e de intensidades.* Título eminentemente técnico, mas fácil de compreender para quem não esqueceu o que expliquei longamente no começo deste livro sobre o "modo". O modo, disse, é uma ordem de sucessão de um certo número de sons que cria entre eles relações exatas de intervalos.

O modo é, portanto, uma noção mais geral que a série dodecafônica. Mas, de fato, podemos considerar a série como um modo de doze sons separados entre si por doze intervalos. Nada impede de aplicar igualmente este princípio a uma divisão do tempo em durações diferentes, das quais cada uma é representada de maneira absolutamente precisa pelos valores tradicionais: a semibreve, a mínima, a semínima que divide a mínima em dois, a colcheia que divide a semínima em dois e assim por diante, semicolcheias, fusas etc. (sem esquecer os valores intermediários que dividem por três e não por dois o valor precedente). Obtém-se, assim, uma sucessão que, por analogia, podemos chamar *cromática* das durações (representadas graficamente por valores), constituindo, ainda por analogia, um verdadeiro modo de valores.

Classificando as intensidades de maneira, a bem dizer, muito mais aproximativa, desde o *triplo piano* até o *triplo forte,* pode-se também admitir que se criou um modo de intensidade. Daí o título: *Modo de valores e de intensidades.*

No que diz respeito aos sons propriamente ditos, Messiaen constrói três grupos dos quais cada um contém doze notas sucessivas. Ele escreve sua música sobre três pautas e dá a cada um de seus três grupos uma pauta que ele não abandonará mais por toda a peça (peça puramente contrapontística, escrita a três vozes do começo ao fim, como o seria uma fuga). A cada uma das notas desses três modos de doze sons é designada uma duração (representada por um valor: semicolcheia, semínima ou outro) e cada vez que a nota voltar ao discurso reaparecerá com sua própria duração à exclusão de qualquer outra. Ela reaparecerá, por outro lado, na nuança (*piano, mezzo forte, forte* ou outra) que lhe foi atribuída desde o início e que estará indissoluvelmente ligada a ela até o fim.

Sobre tais dados, Messiaen, já que é um músico de uma prodigiosa habilidade e de uma grande invenção, consegue escrever uma peça que provém, então, de uma organização impiedosa que conserva, contudo, à audição, a aparência da espontaneidade. Esta peça para piano teve grande influência sobre a geração dos alunos de Messiaen e especialmente sobre Boulez. Ele acreditou ver nela a prova de que seu sonho de organização total do espaço sonoro era realizável, e daí nasceu a música serial. Por que serial? Porque generaliza o emprego da série às quatro propriedades do fenômeno sonoro: a altura do som, sua duração (a sucessão das durações gerando o ritmo), sua intensidade e seu timbre.

da organização
serial integral

Fazer séries de durações, acabamos de ver que era coisa fácil, fazer séries de timbres também o é; fazer séries de intensidades já é alguma coisa muito pouco realista, pois se o cromatismo das durações pode explicitar-se sobre o papel pela progressão: *triplo piano, pianíssimo, piano, mezzo piano, mezzo forte, forte, fortíssimo* e *triplo forte,* a quê isto corresponde verdadeiramente? O que é, num sentido absoluto, um *fortíssimo?* Como passar seguramente deste fortíssimo para um *mezzo piano?* Não se encontrará dois intérpretes para fazê-lo da mesma maneira.

Mas onde tudo se complica de maneira inextricável é no momento em que entra em jogo a interação dessas quatro organizações seriais. A série dos timbres pode, a todo instante, impor o emprego de um instrumento que não possui a nota exigida pela série das alturas. A série das durações impõe a um outro um ritmo em valores muito breves, coincidindo com largos intervalos que o tornam inexecutável. E assim por diante. Para chegar a conciliar esses inconciliáveis, o compositor é submetido a uma ginástica de espírito que deixa de ser compatível com uma autêntica liberdade criadora.

Contudo, a aventura da música serial integral foi tentada e levada às suas mais extremas conseqüências. Disso resultou, durante alguns anos, uma produção em todos os aspectos inumana, o que fez com que os músicos logo compreendessem que ela condenava a experiência da qual havia saído. *Le Marteau sans maître* (O Martelo sem Mestre), escrito por Pierre Boulez em 1955, marca a saída dessa espécie de túnel. Ele despertou a vocação de tantos epígonos que se deve considerar esta obra como a mais representativa de sua época (sendo que, certamente, na realidade de hoje a palavra época não recobre mais que uma fração estreitamente limitada de tempo... digamos, de uma dezena de anos).

Le marteau sans maître

Le Marteau sans maître, e tudo aquilo que provém dele, institui na Música uma estética pontilhista que tem por corolário uma pesquisa muito aprofundada, quase complacente, da riqueza e da diversidade das cores. A escrita é feita de um entrelaçamento cerrado de pequenas células rítmicas, dispersas no espaço e associadas a timbres claros, sedosos ou tilintantes. Volta-se à definição de Debussy de uma arte "de associar os sons de uma maneira agradável ao ouvido" e, nesse sentido, pode-se falar, a respeito desta música, de uma espécie de neo-impressionismo. Mas o hedonismo de que ela parece emanar dissimula, em verdade, uma aproximação nova, mais eficaz e mais amável, de uma doutrina em que o rigor das leis, a firmeza e a complexidade das estruturas permanecem intactas e irredutíveis. É este duplo aspecto, agrado do ouvido e forma abstrata do pensamento que se encontrará expresso da maneira mais fiel na melhor gravação do *Marteau sans maître* que existe no comércio (59).

Há de se notar que esta obra tece o feixe de suas sonoridades raras em torno de uma voz feminina, não sendo perceptíveis as palavras cantadas. Não há aí, de forma alguma, falha técnica da parte do compositor, mas uma tomada de posição deliberada. Pierre Boulez não se considera preso às regras da prosódia tradicional. O texto poético é para ele um suporte para o seu próprio trabalho criador. Sua imaginação toma impulso a partir deste texto e o leva a uma verdadeira transmutação musical, onde sua inteligibilidade é dissolvida, como acontece, aliás, com os jogos de sonoridades procurados pelo poeta entre suas palavras e suas sílabas.

Essa tomada de posição categórica é perfeitamente defensável se se pensar que todo compositor que luta com um texto de qualidade começa por esvaziá-lo *ipso facto* da música do autor, para substituí-la pela sua. Pois a do autor não é perceptível senão numa recitação muito mais monocórdia, que põe discretamente em relevo o sussurro das consoantes e a cintilação das vogais, num ritmo cerrado, no interior de uma duração relativamente breve, que ignora os alongamentos da duração musical. Quando Fauré colabora com Verlaine, o que ouvimos é a música de Fauré, não a música de Verlaine.

Logo, quando Boulez vai até a absorção completa do texto literário pela sua própria linguagem, não faz senão jogar o mesmo jogo, mas com mais franqueza, e se podemos crer que sua obra não seria o que é sem o impulso inicial que lhe deu o contato com a poesia de René Char, temos muitas razões para não reprová-lo.

Não falaremos mais do *Marteau sans maître*. Mas apenas esta obra não esgota tudo o que é necessário dizer ainda de Boulez [2] e do movimento da música serial. Dar-se-ia de ambos uma imagem por demais incompleta. Como escreveu Boulez, "renovar-se consiste num desrespeito por si mesmo igual ao que se teve com relação a seus predecessores". Estamos tratando de pessoas que proclamam que uma "recusa constante em adaptar-se é indispensável a toda criação viva". Recusando instalar-se no sucesso depois do *Marteau sans maître,* Boulez percebe um risco de saturação interna do universo musical da série. Esse material fornecido ao compositor, esse material maleável ao extremo, sempre aberto a perpétuas variações de superfície, engendra a monotonia. Vai se tratar agora de encontrar um compromisso entre "uma organização global rigorosa e uma estrutura momentânea submetida ao livre arbítrio". Em outras palavras, vai se tratar de introduzir um certo elemento de indeterminação numa música fortemente estruturada.

música "aleatória"

Desta idéia vai sair o que se chamou, e o que se chama ainda, música aleatória. De que se trata exatamente? Não se trata de

---

2. Desde que estas linhas foram escritas, a produção de Pierre Boulez não parou de se desenvolver no sentido de uma extrema sedução da matéria sonora, aliada a um pensamento sempre rigoroso mas que já não se entrega à descontinuidade aparente do *Marteau sans maître* e que, por isso, é de uma compreensão mais fácil. Provas: *Pli selon pli — Figures, doubles, prismes —* ou *Éclat.*

forma alguma, como se pretendeu, de uma organização do acaso. Como se poderia organizar o acaso sem, por isso mesmo, destruí-lo? Trata-se de substituir uma seqüência de acontecimentos musicais, fixados em seus menores detalhes e fechados sobre si mesmos, por um campo aberto de possibilidades diferentes entre as quais uma escolha deve ser feita, escolha que transformará mais ou menos profundamente a fisionomia da obra... não, de modo algum, sua linguagem, mas sua construção, sua arquitetura.

De fato, é a esta concepção arquitetônica que se vai ater-se. A obra musical clássica é considerada como uma arquitetura no tempo, passada do estado estático ao estado dinâmico. Goethe disse, em contrapartida, que a Arquitetura era uma música imobilizada. Mas isso vem a dar no mesmo.

Para ser uma arquitetura, a Música apóia-se na memória. O ouvinte de uma sonata clássica é colocado o mais cedo possível, através do que se chama exposição, na presença dos motivos cujo ritmo, os contrastes e as simetrias vão fazer da peça um edifício equilibrado.

Esse apelo à memória, no período clássico, está de tal forma no centro das preocupações do compositor que ele repete integralmente sua exposição por meio da reexposição. Assim, o ouvido é posto em condição de tomar uma espécie de conhecimento visual da obra e, graças à lembrança que conserva de seus elementos constitutivos, vê previamente a conclusão com a qual se fechará o círculo.

a *Klavierstück ix* de **Stockhausen**

O primeiro compositor serial que procurou romper esta armadura foi o homólogo alemão de Pierre Boulez, Karlheinz Stokhausen. Em sua *Klavierstück IX* (Peça para piano nove), ele propõe ao intérprete dezenove seqüências musicais notadas sobre uma única e imensa folha retangular. Cada uma destas seqüências está ligada a um tempo, a uma intensidade e a uma certa qualidade de ataque. Entre essas dezenove seqüências, o pianista faz sua escolha segundo a disposição do momento, ou sobretudo — assim o deseja o autor — fiando-se apenas no acaso. Mas a sucessão das escolhas terá conseqüências imprevisíveis. A regra imposta pelo compositor é, com efeito, que, uma vez a seqüência inicial escolhida e executada de uma maneira tão neutra quanto possível, a seqüência que se encadeará a ela, e que será determinada pelo acaso, deverá perder suas características de movimento, de nuança e de timbre, para adotar aquelas designadas pelo compositor na seqüência que o pianista acaba de abandonar — designadas pelo compositor, mas não respeitadas por essa execução desde o começo.

Daí resulta que uma seqüência, concebida originalmente pelo compositor num certo andamento metronômico, praticamente nunca será executada nesse andamento, mas num outro que não é conhecido de antemão, já que depende da ordem de sucessão das seqüências deixada ao acaso. Além disso, de uma execução para outra, esse andamento não será jamais o mesmo, ou pelo menos não terá mais possibilidade de ser o mesmo do que um número de loteria sair duas ou várias vezes em seguida. Poderá ser aqui um andamento de *adagio,* e lá um movimento de *allegro*.

Este risco foi vivamente criticado por Boulez. "Não creio, escreveu ele, que, especialmente no plano da duração, qualquer estrutura rítmica possa acomodar-se de uma forma organicamente válida a qualquer tempo."

Com efeito, isto parece bastante evidente e por essa razão a tentativa de Stockhausen, que tende a desapropriar o compositor de seu próprio pensamento criador em benefício de um acaso cego, surge como uma visão do espírito. Mais construtiva a solução adotada por Boulez em sua *Terceira Sonata para piano,* que coloca o intérprete, em diversos momentos de sua execução, diante de bifurcações em que sua livre escolha determinará o itinerário a seguir entre vários outros igualmente legítimos. Estruturas autônomas, cuidadosamente estabelecidas e imutáveis, balizam, portanto, a obra, não como pilares indispensáveis a um equilíbrio fixado uma vez por todas, mas como um feixe de possibilidades, das quais umas serão deixadas de lado e outras concorrerão para a edificação de uma obra em formação... uma obra que parece se procurar e se construir sob os olhos do público. Que *parece* apenas, entendamo-nos bem. O intérprete só pode escolher um percurso protegido por sólidos parapeitos, e não se trata aqui senão do que se chama uma liberdade vigiada, uma espécie de extensão dessa colaboração ativa do executante que a música mais tradicional lhe concede, já que sua interpretação própria lhe permite inserir aí sua pequena parte de criação pessoal.

Outros ensaios de música aleatória foram tentados, por exemplo, o de Marius Constant (que, aliás, não é um músico serial) numa obra orquestral animada não mais por um regente, mas por um dançarino. A obra é dividida em breves seqüências e, para cada uma delas, cada músico escolhe, ou é levado a escolher, entre várias versões que tem sob os olhos, devendo essa escolha ser-lhe sugerida pelo que vê o dançarino fazer, o qual improvisa a partir de um texto de Lautréamont lido por um ator. Em princípio, existe aí uma torrente de possibilidades diferentes, em que o acaso não desempenha um papel tão grande quanto se poderia crer, pois, o que quer que façam, os músicos se reencontrarão sempre numa síntese harmônica arranjada de maneira a que o compositor possa manter seu domínio [3].

3. Uma obra bem recente, *Archipel* (Arquipélago), de André Boucourechliev, levou a essa ordem de pesquisas um êxito excepcional.

Como quer que seja, todas essas pesquisas são a indicação muito nítida de uma tendência, talvez irreversível, para acabar com as formas tradicionais que repousam sobre uma concepção arquitetônica da Música. Cada vez mais se chega ao que se chamou de formas abertas. Num plano que é tanto da Filosofia quanto da Arte, isso corresponde à concepção moderna de um universo não mais estático, mas em perpétua expansão.

último estado da questão

Antes de encerrar este capítulo sobre a música serial, resta-nos tentar determinar a situação dessa aventura musical que, como vimos, se caracteriza pela rapidez vertiginosa de seu impulso para frente. Atualmente, esse movimento deixou de afirmar a sua ruptura com o passado. Todos os seus adeptos insistem na continuidade de que ele provém. As últimas obras, ouvidas nos festivais onde eles se reúnem, são marcadas por um abandono mais ou menos geral da série, um ligeiro relaxamento da tensão cromática e das preocupações exclusivamente técnicas, uma plástica linear que favorece a continuidade reencontrada do discurso musical após o abandono do pontilhismo.

Isto significa que nos encontramos diante de um retrocesso? De maneira nenhuma. Não há mais música serial, e o próprio termo é recusado por aqueles que eram seus campeões. Mas se a doutrina pertence doravante ao passado, existem realidades que permanecem, e que têm muitas possibilidades de determinar o futuro.

Em primeiro lugar, um certo mundo sonoro, uma maneira de conceber, de ouvir e de sentir a música em que já não aparece nenhuma sobrevivência do sistema tonal. Não digo que este mundo sonoro tenha agora estabelecido sua plena soberania. A quase totalidade do público, e talvez dos músicos, continua a ouvir tonalmente, mas o mundo atonal existe agora em si e a passagem de um para o outro é uma possibilidade crescente, no sentido em que não parece mais haver aí destruição, aniquilamento fatal de um sistema pelo outro (como se disse que a antimatéria aniquilaria a matéria), mas uma espécie de coexistência pacífica.

Por outro lado, o que resta da experiência serial é um estilo, um estilo que influencia e influenciará provavelmente a produção dos próximos anos, produção em que, entre seriais e não-seriais de ontem, a linha de demarcação poderia perfeitamente se perder pouco a pouco na areia.

Ainda restam as experiências, de que não falamos de modo algum, de distribuição, entre pontos afastados, das fontes sonoras postas em jogo na obra, isto é, uma intervenção do espaço na escrita musical de que se encontram precedentes ilustres em Gabrieli ou em Berlioz, mas que hoje adquire um valor funcional muito mais constante e pronunciado.

Resta, enfim, essa pesquisa das formas abertas que está apenas no começo, mas da qual é preciso esperar o desenvolvimento com atenção e confiança.

Ainda uma vez, ter-se-á notado que, ao longo deste capítulo, falou-se em Música mas não em músicos. Ter-se-ia podido, é claro citar uma boa dezena de nomes. Expressamente, omitiu-se esses nomes para evitar dar a estas afirmações o aspecto de uma lista de laureados que apenas atrairia estéreis contestações. A linguagem musical é uma coisa, a carreira dos músicos é outra. É ao primeiro termo desta alternativa que nossa preocupação de utilidade e de eficácia nos prende.

CAPÍTULO 14.

**Música chamada estocástica.
Intervenção do computador eletrônico.**

O estudo sumário da aventura serial que se acabou de ler não esgota o tema da pesquisa contemporânea no domínio da linguagem musical. Foi dito que, sem serem por essa razão reacionários ou o que se chama "empolados", alguns músicos da geração engajada nesse movimento recusaram-se a aderir ao serialismo, levando adiante por sua própria conta pesquisas de expressão pessoal que só o futuro poderá, talvez, julgar com objetividade.

Mas o que ainda não foi mostrado de maneira precisa é que existe um outro tipo de pesquisa, que hoje, de maneira bastante generalizada, é considerado o verdadeiro extremo da vanguarda, isto é, que ultrapassa, pela febre da descoberta e pelo aspecto propriamente inaudito dos fenômenos musicais que dele decorrem, as realizações dos compositores da escola serial.

O termo *música estocástica* tende cada vez mais a fazer parte do vocabulário para designar este modo de composição. Por que estocástica? Porque este termo, de origem matemática, aplica-se à lei dos grandes números, base do cálculo das probabilidades. A lei dos grandes números mostra que, quanto mais os fenômenos são numerosos, mais tendem para um fim determinado. A noção de acaso é, então, nesse estádio, absorvida pela noção de um determinismo superior.

É nisso que se apóia o compositor greco-parisiense Iannis Xenakis para pensar sua música através de grandes massas e lhe incorporar uma organização baseada no cálculo das probabilidades.

experiência de Xenakis

Numa primeira abordagem, tal processo, aplicado à formação de uma obra de arte, pode parecer extravagante. E isso sobretudo porque com relação à criação artística encontram-se no grande público concepções simplistas e românticas, popularizadas pelo livro e pelo cinema, e que os próprios compositores, aliás, não deixaram, numa certa época, de sustentar com cuidado, porque elas faziam deles uma espécie de demiurgos inspirados, providos de um dom sobrenatural para transmutar num instante numa linguagem sublime os esplendores da natureza ou as desordens de suas paixões.

Isso é romance de folhetim ou história em quadrinhos. Se se considera a criação artística de uma forma um pouco mais realista, percebe-se a complexidade vertiginosa dessa operação mental, as inúmeras opções que se oferecem ao pensamento durante seu percurso, as escolhas ininterruptas que, a todo instante, arriscam tanto afastá-la como levá-la a um fim que, de início, nem ao menos está claramente definido. Isso tudo poderia finalmente ser representado por torrentes impressionantes de equações, e a solução final do problema é feita de soluções parciais postas lado a lado, em cada uma das quais atua mais ou menos conscientemente uma espécie de cálculo das probabilidades, uma escolha entre multidões de possíveis.

A partir daí, é preciso não se apressar em julgar como extravagância o fato de que um músico como Xenakis, armado de uma cultura matemática muito sólida, se tenha perguntado se poderia haver um sentido e um interesse em tentar fabricar, peça por peça, uma obra controlada do começo ao fim por um número mais ou menos grande de regras de composição precisamente determinadas.

Ainda que fosse apenas pelas perspectivas que uma tentativa como essa pode abrir com relação aos nossos próprios mecanismos cerebrais, cuja imitação passa a ser, de alguma maneira, uma análise feita ao vivo, ela mereceria ser transformada em experiência concreta.

Essa experiência produziu uma partitura chamada *Achoripsis,* em que o autor resolveu o problema que se propusera através do cálculo das probabilidades. O cálculo das probabilidades intervém neste caso para organizar um conjunto de perturbações aleatórias engendradas no espaço por fenômenos sonoros provenientes de certo número de instrumentos e abandonados apenas às leis do acaso. Daí o título, que significa "lance de sons" ou "projeções de sons". O acaso é calculado, e é este o trabalho que cabe ao compositor matemático.

o computador

O que é interessante é que a importância deste trabalho levou Xenakis a concluir que só um computador eletrônico era capaz de totalizar a imensa quantidade de cálculos necessários à sua realização. Esta intervenção da máquina no ato criador, evidentemente, fez correr muita tinta e provocou rudes controvérsias.

Contudo, é importante notar que essa idéia não é absolutamente nova. Estava no ar há uma boa quinzena de anos, naturalmente engendrada pelo progresso fabuloso da Cibernética. Na França, precedendo de alguns anos a entrada em cena de Xenakis, um grupo de músicos levou ao extremo, com o auxílio dos computadores Bull, uma técnica complexa que deu origem a partituras próprias para certos usos: música de ilustração para emissões radiofônicas, entre outras.

Esses músicos, chamados de *algorítmicos,* levam o respeito pelas soluções fornecidas pela máquina ao ponto de se proibirem modificar o que quer que seja. A justificação desta atitude reside no fato de que, para eles, é no início, e apenas no início, que se deve situar a liberdade criadora do músico — a máquina, de qualquer maneira, só pode fornecer-lhe uma elaboração da matéria-prima que ele próprio lhe forneceu. Não se procurará discutir aqui esta tomada de posição, o que nos levaria a considerações técnicas perigosas.

Como quer que seja, foram as experiências de Xenakis que, no momento, conseguiram ganhar o público. A fim de que fique bem claro logo de início que o uso da máquina não é de forma alguma sinal de falta de imaginação ou de impotência, especifiquemos que Xenakis absolutamente não faz disso uma regra. Usou um computador eletrônico IBM em algumas de suas obras, mas não em todas.

A melhor forma de aproximação da música de Xenakis, que é preciso tentar, é provavelmente com *Pithoprakta* (60). Xenakis procura aí uma confrontação da continuidade e da descontinuidade: por *glissandi* para a continuidade, por *pizzicati,* por batidas com a madeira do arco, ou ainda por golpes de arco muito breves, como também por batidas com a mão sobre a caixa dos instrumentos para a descontinuidade. Esses *pizzicati* e esses diversos tipos de ataques, espalhados ao longo de todo o espectro sonoro, visam criar, diz o autor, uma granulação densa, uma verdadeira nuvem de matéria sonora em movimento, regida pela lei dos grandes números. Assim, o som individual perde sua importância em proveito do conjunto, percebido em bloco, em sua totalidade. *Pithoprakta* não pertence à família das obras em que Xenakis utilizou a colaboração de um computador eletrônico.

Agora vamos nos ocupar dessas últimas. Não se voltará ao que foi dito há pouco a fim de justificar esta atitude diante do ato criador. Mas deve-se explicar como as coisas acontecem na prática.

liberdade criadora e colaboração do computador eletrônico

O computador está lá, como mostramos, para suprir a insuficiência dos mecanismos mentais, ganhar tempo e simplificar o trabalho do compositor; mas não o substitui. A máquina não cria nada. Ajuda o compositor a resolver um problema que ultrapassa nossas faculdades cerebrais, o de dar às nossas idéias abstratas um correspondente sonoro. Trata-se de dar a uma estrutura abstrata de fórmulas e de raciocínios concebida pelo autor, fornecida à máquina, após um processo de codificação num feixe cerrado e preciso, uma roupagem musical que seja a sua representação sensível.

Este feixe cerrado de fórmulas e de raciocínios tornou-se, então, o programa imutável da máquina. Mas, de início, ele permanece em estado de abstração, de virtualidade; e ficará assim até que tenha sido colocado diante dos dados que entram em cena, dados aos quais vai aplicar, através de uma seqüência de cálculos de uma complexidade inimaginável, as regras que ele possui. Os dados colocados em cena mudam segundo a vontade do compositor e a máquina lhe propõe a cada vez uma solução totalmente diferente das outras.

O programa é um *a priori*. Os dados provêm da escolha arbitrária do compositor. As soluções saídas da máquina devem, em primeiro lugar, ser decodificadas. Colocado diante desses resultados que se tornaram música, o autor os analisa. Elimina o que não convém, por exemplo, o que seria praticamente impossível de tocar. Retém o que é preciso reter, retoca o que acha que deve ser retocado, enxertando sua própria escolha (em que seu gosto e sua sensibilidade podem intervir) na escolha da máquina, que provém dos raciocínios rigorosos desse cérebro eletrônico.

Pode-se concluir daí que a personalidade do músico conserva, neste método de trabalho, toda possibilidade de abrir caminho. Chegar-se-á mesmo a dizer, não apenas sua personalidade, mas, num certo sentido, sua sensibilidade.

Aqui, entendamo-nos bem. A palavra sensibilidade não pode recobrir os mesmos fenômenos para Xenakis que para Chopin, Debussy ou Richard Strauss. Eis como ele próprio fala desta questão: "No século XIX havia uma linguagem formada, codificada. Um ritmo significava a alegria. Um ritmo de passo cadenciado com coros era um hino fúnebre para Victor Hugo, etc. Havia convenções sociais, estas convenções explodiram, não foram substituídas. Em conseqüência disso, a sensibilidade já não tem convenções para se exprimir. Ela se exprime de uma outra maneira, e é sensível já que se exprime".

De fato, não é proibido descobrir traços de um dinamismo quase romântico, ou neo-romântico, numa obra como *Eonta* (61) em que certas partes são produto da colaboração entre Xenakis e um computador eletrônico.

Uma outra obra bastante curiosa em que Xenakis utilizou o computador eletrônico merece ser assinalada. Trata-se de um jogo, de uma espécie de partida entre duas orquestras. Cada uma dispõe de um dado número de seqüências entre as quais seu regente escolhe, a cada episódio do jogo, aquela que lhe parece a melhor réplica ao que o adversário acaba de fazer ouvir. A escolha ideal, é ao compositor que cabe fixar. Cada regente tem a possibilidade de satisfazê-la, assim como tem a possibilidade de fazer uma péssima cartada. O desenrolar do jogo sanciona o erro cometido ou a escolha feliz, de modo que há competição, soma de pontos e finalmente a vitória de um dos dois partidos em confronto.

Aí como em outra parte, manifesta-se uma imaginação de múltiplas formas que transborda os quadros em que se exerce comumente a imaginação dos compositores. Aí entram mecanismos que pertencem à Física Experimental, à Arquitetura. Pois Xenakis é também um cientista e um arquiteto. A este título, colaborou durante longo tempo com Le Corbusier.

Mas esta formação de arquiteto não o orienta para uma técnica de construção musical baseada nos temas, desenvolvimentos e simetrias clássicas. Trabalhando sobre estruturas novas, ele não pode apoiar-se em esquemas estabelecidos. Não vai do material à obra edificada, mas de uma visão geral da obra a uma primeira escolha do material adequado a realizá-la concretamente, depois a uma pesquisa de organização desses diversos elementos seguindo um processo que, diz ele, evocaria menos o trabalho do arquiteto que o do escultor. E como visa antes de tudo criar por esse meio um organismo vivo, sua pesquisa, a seus olhos, situa-se tanto no domínio da Biologia como no da Música ou da Arquitetura.

Esta preocupação com uma estrutura em movimento, ele a havia traduzido enquanto arquiteto na sua realização do pavilhão Philips na Exposição Universal de Bruxelas. Os visitantes desse pavilhão encontravam-se colocados num ambiente de perspectivas mutáveis e banhavam-se ao mesmo tempo numa música organizada no mesmo espírito e com a mesma origem, já que arquiteto e compositor confundiam-se na mesma personalidade criadora. Desta concepção inicial provém o emprego, nessa obra, de instrumentos de cordas através de grandes massas em imensos *glissandi*, ou antes naquilo que seria preciso chamar de feixes de *glissandi* que se entrelaçam, se cruzam e se torcem em torno de um ponto fixo.

Eis como Xenakis realiza tais efeitos:

Doze primeiros violinos são distribuídos no extremo agudo entre este *dó* (A) e este *si* (B) a distâncias iguais, isto é, a um semitom uns dos outros. Eles ocupam todo o espaço disponível no sistema cromático temperado no interior de uma oitava:

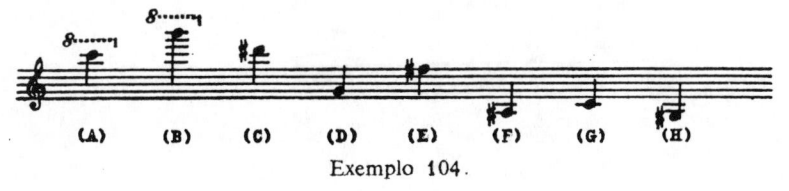

Exemplo 104.

Partindo dessas posições respectivas, eles se transportam todos os doze, no tempo de cinco compassos, num *glissando* muito lento, para este *ré sustenido* (C) onde todos se encontram ou, melhor dizendo, onde se cruzam. Pois o *glissando* continua além desse *ré sustenido* durante cinco novos compassos, ao final dos quais os doze violinos se encontram colocados entre este *sol* (D) e este *fá sustenido* (E), portanto, a distância de um semitom uns dos outros, como dez compassos atrás, mas o violino que no começo estava no agudo, aqui está colocado no grave, e cada um dos doze outros encontra-se da mesma maneira numa posição invertida. Depois do que o *glissando* prossegue com a mesma lentidão, com novo entrecruzamento dos doze instrumentos que o executam, mas para chegar a um novo agrupamento entre este *lá sustenido* (F) e este *dó* (G). O que implica que este agrupamento já não nos faz ouvir simultaneamente senão três notas e que os doze instrumentos reuniram-se quatro a quatro, uns sobre o *dó,* outros sobre o *si,* outros sobre o *fá sustenido.* Ainda três compassos e todo mundo se reencontra num grande uníssono sobre o *sol sustenido* grave (H).

Esta disposição introduz na música uma noção nova de som com espessura variável, pois, no momento do primeiro ataque, as doze notas ouvidas juntas, em sua posição mais próxima, não constituem mais um acorde. Constituem uma espécie de som global cuja espessura é de uma oitava. Depois este som, à medida que o *glissando* se desenvolve, desloca-se para o grave, mas sua espessura diminui progressivamente, até se tornar nula no quinto compasso em que se dá o uníssono do *ré sustenido.*

Após o que o som se torna espesso novamente, até um máximo que é simétrico ao som inicial. Depois ele ainda se estreita, passa por uma posição intermediária já muito estreita e atinge o uníssono grave.

No curso desses *glissandi,* os violinos que dele participam fazem percursos muito diferentes uns dos outros. O que partiu do extremo agudo percorre em dez compassos esta longa distância (I). Ao mesmo tempo, o que no início estava no grave deste dispositivo passa simplesmente de *dó* para *fá sustenido* (J):

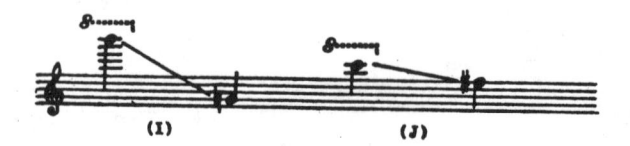

Exemplo 105.

Produzem-se, então, entre os doze elementos participantes do *glissando* atritos extremamente complexos e não há jamais paralelismo entre eles.

Insistiu-se pouco sobre este efeito técnico porque foi enormemente explorado por muitos músicos, e especialmente pelos poloneses de que iremos falar no próximo capítulo.

A obra na qual Xenakis o utilizou segundo o processo que acabamos de descrever tem por título *Metastasis*.

CAPÍTULO 15.

A escola polonesa.

Só tratamos até aqui da produção musical contemporânea no Leste da Europa a respeito do problema das relações entre o compositor e o público... o público tomado em sua maior extensão, tal como é considerado nesses países onde a vida cultural das massas populares é uma das razões de ser do próprio regime.

Vimos como um grande mestre como Prokofiev abordou este problema, com que seriedade e que visão elevada, recusando o recurso fácil de uma estética primária, a procura de um contato ao nível mais baixo. Mas o que um Prokofiev consegue não é o que conseguirão músicos de menor estatura. No conjunto dos países do Leste, a produção musical permaneceu, então, num conformismo bastante estrito com relação à tese oficial do realismo socialista.

Mas eis que, há dez anos, um desses países, e não dos menores, rejeitou pura e simplesmente essa tese oficial, e isto sem provocar a menor reação das autoridades do regime. Seguiu-se uma vasta renovação da produção local e, para além das fronteiras, um brilho sem precedentes fez da Escola Polonesa, em alguns anos, a mais prestigiosa formação de combate da jovem música no mundo.

Tendo vivido à distância das controvérsias e das lutas que marcaram o nascimento e o desenvolvimento da música serial no Ocidente, a Escola Polonesa escapou ao dogmatismo deste movimento. Não correu esse risco de esclerose que a constrição da organização serial integral fez pairar sobre nossos músicos engajados nesse caminho. Ela encontrou, por outras vias, o essencial dos princípios de uma ação: abandono das regras tonais, codificação do cromatismo, formas abertas, alternância de rigor e de liberdade deixada ao intérprete nas seqüências chamadas aleatórias, reconhecimento do lugar privilegiado do fenômeno sonoro em si, procurado por sua própria beleza material, independentemente das combinações de escrita das quais é a causa ou o produto.

Esta pesquisa foi feita, parece, fora de qualquer influência de agrupamentos solidamente sedimentados em que reinavam, na França, na Alemanha, na Itália, Pierre Boulez e seus companheiros. Poder-se-ia dizer sem influência alguma do Ocidente? Se influência houve, seria preciso procurá-la sobretudo nas experiências de Xenakis de quem falamos longamente mais acima. É certo que estas experiências foram conhecidas desde o início pelo movimento dos músicos poloneses e que várias partituras de Xenakis já figuravam no repertório de suas orquestras quando ainda não tinham sido ouvidas mesmo em Paris.

Era importante que num trabalho de iniciação às linguagens musicais do século XX, fosse dado um lugar à parte para a Escola Polonesa, já que seus compositores estabeleceram uma linguagem própria, tanto mais significativa quanto se afirma, em face da técnica serial, como uma possibilidade de renovação que a Música tem à disposição das vanguardas presentes e futuras.

Tudo aquilo que desse modo pode contribuir para desarmar os dogmatismos militantes, para afastar os exclusivistas, para forçar a tolerância e alargar os horizontes, é digno de atenção e estima.

A Escola Polonesa não se apresenta num bloco compacto, como vimos em outras tendências do Ocidente. Cada compositor tem sua individualidade própria.

Em primeiro lugar, algumas palavras sobre Thadeus Baird. O próprio título de suas *Variações sem Tema* (62) poderia fazer crer que vamos nos encontrar diante de uma obra decididamente pós-weberniana em que a noção de tema evaporou-se em decorrência de uma dispersão da matéria musical levada às últimas conseqüências. Ora, desta obra transborda uma melodia intensamente expressiva cuja linha muito flexível evolui, durante longos períodos, através de intervalos muito pequenos (como se vê em Bartok), o que é o contrário da estética serial.

Nada, nesta música, do pontilhismo que ainda grassava no Ocidente nesse ano de 1962 em que ela foi escrita. A continuidade melódica abre todas as possibilidades a um lirismo generoso a cujo contato percebemos o quanto estávamos nostálgicos dele.

Thadeus Baird ainda não tem quarenta anos. É um dos mais velhos de toda a jovem Escola Polonesa. Mas um compositor como Witod Lutoslavsky, que ultrapassou de muito os cinqüenta, está bem longe de ficar atrás. Desde 1958, com sua *Música Fúnebre* (63) ele havia formulado, por sua própria conta, uma técnica dos doze sons que não tem nada a ver com o dodecafonismo schoenberguiano, mas que se mostrou, na prática, de uma grande intensidade expressiva.

Nos *Jogos Venezianos* (63), Lutoslavsky empenhou-se no problema da música aleatória. Falamos longamente deste problema a respeito do *Klavierstück IX* de Stockhausen e da *Terceira Sonata para Piano* de Boulez. A tentativa de Lutoslavsky poderia ser aproximada principalmente da de Marius Constant, que também analisei. Lembro que cada instrumentista da orquestra escolhe o que vai tocar segundo o que vê um bailarino dançar, o qual substitui o regente e representa mimicamente um texto de Lautréamont lido por um ator.

É de alguma coisa análoga que se trata aqui, ainda que haja um regente e não um bailarino. A parte de iniciativa deixada ao intérprete não opera, como em Boulez, sobre uma simples sucessão de seqüências imutáveis em si mesmas e muito meticulosamente redigidas pelo compositor. É no próprio interior das seqüências (como em Marius Constant) que o autor procura suprimir a exigência de uma conexão rigorosa no tempo entre os sons emitidos pelos instrumentos. As barras de compasso são suprimidas. Cada secção está ligada a uma duração notada em segundos: quinze segundos, doze, dezoito segundos. O regente indica a entrada e o final de cada seqüência. Entre estas duas intervenções, deixa os músicos interpretarem livremente suas respectivas partes, no interior de um tempo geral fixado previamente, mas de maneira aproximativa.

O efeito harmônico naturalmente foi previsto pelo autor com a flutuação necessária para que a sonoridade permaneça de acordo com o seu pensamento. Quanto ao ritmo, a liberdade deixada aos instrumentistas produz uma polirritmia que, em suma, está próxima da que os músicos seriais procuraram por meios de escrita de um rigor inumano, mas sem impor aos executantes, como fazem estes últimos, dificuldades quase insuperáveis.

Todavia, é necessário esclarecer que esta flutuação da execução não é constante na obra e também não é totalmente abandonada ao acaso. As secções livres são entrecortadas por secções em que a barra de compasso e a batida do regente retomam seus direitos. Por outro lado, em certas secções livres, os músicos são obrigados a obedecer, seja às indicações do regente (salvo quando uma menção especial do autor libera um ou outro instrumento), seja ao que lhes inspira, de maneira muito subjetiva, a interpretação de um instrumento designado nesta passagem como solista, o mestre do jogo.

Penderecki

Chegamos agora ao mais avançado dos músicos da Escola Polonesa conhecido no Ocidente. Parece que há outros na Polônia que vão ainda muito mais longe que ele, mas não os conhecemos ainda.

Dos compositores desta escola, Penderecki parece ser o que mais diretamente explorou em seu proveito as pesquisas e os achados de Xenakis. Aliás, tem em comum com este último uma imaginação acústica bastante atordoante.

Isto posto, Penderecki é perfeitamente capaz, quando quer, de escrever coisas muito belas, numa linguagem fortemente marcada pela mais pura tradição, até de terminar seu *Stabat Mater* sobre um impecável acorde perfeito de *ré maior*.

Mas quando escreve a *Thrène aux victimes d'Hiroshima* (Elegia às Vítimas de Hiroshima) (64), liberta sua música, não apenas de qualquer lembrança de uma harmonia tonal, mas de qualquer lembrança de uma harmonia, simplesmente. Aí o som é tratado sobretudo como um ruído organizado, suas agregações de notas já não têm funções nem mesmo relações definidas entre si. Muitas notas nem ao menos são escritas. Aliás, como poderiam ser, já que sobre páginas inteiras da partitura não se encontra nenhuma pauta? Apenas signos convencionais cujo sentido é especificado na primeira página. Certo triângulo preto indica o som mais alto do instrumento em questão e, entre parênteses: *altura indeterminada,* delimitação tranqüilizadora pois, sobretudo nos instrumentos de corda, o som mais alto depende do instrumentista.

Uma curva atravessada por quatro barras verticais significa: arpejo sobre quatro cordas entre o cavalete e o braço do violino. Um outro signo convida o instrumentista a bater sobre a caixa de ressonância do violino com o talão do arco ou com a ponta dos dedos. E assim por diante. Há uma boa dezena de signos, geralmente desconhecidos dos músicos de orquestra, o que leva a instabilidades nos ensaios.

Por outro lado, há nesta obra essa noção de espessura dos sons que já havíamos encontrado em Xenakis. O autor nota isto sobre uma pauta normal da qual certas linhas, em número variável, são recobertas por um grosso traço preto. Isto indica que entre os sons normalmente ouvidos nos limites superiores e inferiores do traço preto os instrumentistas partilham não apenas dos semitons, mas também de todos os quartos de tons. Naturalmente, a espessura é variável. Ela vai da segunda ou da terça menor até uma enorme aglomeração de sessenta e dois quartos de tons pela qual a peça termina.

Em muitas passagens desta estranha e comovente obra, acredita-se ouvir essa música eletrônica que será o objeto de nosso próximo capítulo. Mas não se trata disso. E não apenas todas essas sonoridades extraordinárias são produzidas por instrumentos comuns mas, o que é mais surpreendente ainda, esses instrumentos são simplesmente violinos, violas, violoncelos e contrabaixos, e nada mais. Bem exatamente, vinte e quatro violinos, dez violas, dez violoncelos, oito contrabaixos. É preciso guardar isto na memória ouvindo esta *Elegia às Vítimas de Hiroshima* de Penderecki.

Aonde leva esta pesquisa musical liderada pela Escola Polonesa? Sobre este ponto deixaremos a palavra com Iannis Xenakis:

"Os compositores poloneses, diz ele, estão preocupados com o exterior da coisa, com o som em si e com seus efeitos, numa espécie de colagem. Não poderão avançar muito tempo por este caminho. No que concerne à coisa mais fundamental, a construção sobre raciocínios (que são os únicos que permitem os grandes passos para frente), não há muito disso, creio, entre os jovens poloneses, no momento. Entretanto, tenho confiança neles, há na Polônia uma escola de Matemática e de Lógica de primeira classe."

Esta é a opinião de Xenakis, isto é, de um homem para o qual a poesia da Matemática e a da Música são parentas próximas, crendo numa interação destas duas artes capaz de lhes abrir o mais largo futuro.

Pode ser que ele tenha razão. Pode ser também que os músicos poloneses se contentem em integrar confortavelmente à sua linguagem as descobertas das quais a *Elegia* de Penderecki acaba de nos dar uma idéia e que eles a usem como um meio de expressão poderoso e novo, sem dar o salto no abstrato para o qual Xenakis os convida.

CAPÍTULO 16.

Música concreta.
Música eletrônica.

Com Iannis Xenakis, de que nos ocupamos mais acima, com os Poloneses que estudamos no capítulo anterior, parece que chegamos aos confins da Música. Os confins da Música? O que isto significa? A definição que hoje se poderia tentar já não seria válida dentro de vinte e cinco anos e não é mais a que se teria dado vinte e cinco anos atrás. Não nos esqueçamos de que, para Schumann, certa página de Chopin já estava nos confins da Música e que Debussy via no Stravinsky da *Sagração da Primavera* uma perigosa tendência a ultrapassá-los.

Cada geração está mais ou menos hermeticamente fechada numa idéia afinal um pouco imprecisa, mas herdada do passado imediato, do que seja a arte de associar sons no tempo e no espaço para fazer deles uma construção equilibrada. Mas, se examinada, esta maneira de falar mostra-se bem frágil. A associação dos sons no tempo dá conta do aspecto linear, plástico, horizontal da Música. Dá conta de suas estruturas rítmicas, enquanto a associação dos sons no espaço dá conta de suas estruturas harmônicas, verticais.

Mas o som? O que é o som? O som é um ruído entre muitos outros. Em que momento um ruído deixa de ser ruído para se tornar um som? Em que momento os elementos complexos que entram na constituição de um som acabam por destituí-lo de sua individualidade, de sua identidade e do nome (*dó, mi, sol,* etc.) pelo qual uma convenção que não é forçosamente imutável quer que seja chamado?

Graças às pesquisas da Escola Polonesa, vimos alargar-se a noção de som até vê-la aplicada a complexos acústicos de espessura, de densidade variáveis, e que algumas vezes chegam a se distender ao ponto de ocupar um intervalo de oitava, ou ainda mais. Vimos nas obras dos últimos anos a imbricação das células rítmicas fazer-se de tal forma cerrada, atuar sobre durações tão breves que, praticamente, não se pode ir mais longe sem ter que calcular, pela Matemática, os efeitos que se pode esperar dela e sem exigir dos intérpretes proezas que seus centros nervosos, o jogo de seus reflexos e sua constituição muscular deixem de colocar ao seu alcance.

música concreta
música eletrônica

    Entra então na lei natural de uma evolução que assim alcançou seu ponto crítico assegurar pela máquina o descanso do homem desfalecido. Por meio dela torna-se possível, em proporções imprevisíveis, uma extensão do domínio e dos meios da Música.

    Isso começou na França em 1948 com as pesquisas de música concreta dirigidas por Pierre Schaeffer nos estúdios da Radiodifusão, contemporâneas das pesquisas análogas feitas nos Estados Unidos. Três ou quatro anos mais tarde, a Rádio de Colônia abre, por sua vez, um estúdio de Música chamada eletrônica.

    Música concreta, música eletrônica: estes dois rótulos assinalam duas doutrinas divergentes e, por um momento, quase antagônicas, que o tempo pouco a pouco reaproximou, sem contudo confundi-las.

    Para um compositor eletrônico da Escola Alemã, esta técnica nova punha à disposição da Música um método científico de um rigor absoluto e uma notação direta com meios ilimitados, suprimindo totalmente esse fator de inércia que representa a notação gráfica e a sua leitura por um intérprete vivo. O intérprete torna-se, nessa perspectiva, um intruso do qual é chegado o momento de se desfazer.

    Para o compositor de música concreta, trata-se de uma exploração empírica de fenômenos sonoros, captados na fonte pela gravação e manipulados por meios eletroacústicos para extrair deles o que possam conter de música em estado latente.

    Vê-se que existe aí uma oposição fundamental. A música eletrônica fabrica sons sintéticos que inscreve diretamente em fita. Utiliza de preferência o som sinusoidal, isto é, um som em estado puro, sem nenhum harmônico, que transforma à vontade, conduzindo-o desde o extremo grave até os limites do audível no super-agudo, associando-o às suas próprias metamorfoses em combinações de uma complexidade, de uma maleabilidade, de uma velocidade sem precedentes.

    O compositor de música concreta atém-se aos sons que lhe vêm de fora, sons de uma origem qualquer, mas de preferência acústica, que se tornam os materiais de uma montagem isenta de todas as servidões que o instrumento e o instrumentista carregam com eles. Ele não age, como o músico eletrônico, em virtude de uma depuração abstrata da qual seu trabalho realiza a tradução no concreto; ele elabora sua obra por tateios, por improvisações sucessivas, em função das possibilidades que o material escolhido lhe revela no decorrer de suas manipulações. Entra, portanto, nesse método, uma grande parte de empirismo e de confiança no ouvido musical, na escolha e até mesmo na invenção dos sons a serem manipulados, partindo de tudo o que nos é oferecido pela natureza nesse campo.

Uma vez gravado o material sonoro, o compositor dispõe, para atuar sobre ele, de uma quantidade de meios técnicos cuja descrição nos conduziria para um terreno perigoso. Muito ricos hoje, esses meios apareceram há mais de vinte anos numa pobreza extrema. Para obter a continuidade dos elementos de base, recorria-se a um circuito fechado, isto é, ao que se obtém com um *pick-up* quando, sobre um disco gasto, a agulha recai sempre sobre o mesmo sulco.

Depois, encontrou-se o meio de transpor esta amostra sonora jogando à vontade com a altura e a duração dos sons. Assim, partindo de um simples e único som emitido por uma cantora, chega-se, a título experimental e por transformação do som e das durações, a reconstituir e a gravar toda uma fuga de Bach.

Este detalhe é dado para mostrar as possibilidades ilimitadas dessas manipulações eletrônicas. Ele fará compreender, ou ao menos entrever, a operação aparentemente mágica pela qual um breve texto de James Joyce, lido por uma mesma voz de mulher em inglês, francês e italiano, transmuta-se na surpreendente polifonia da *Ommagio a Joyce* (Homenagem a Joyce) de Luciano Berio (65).

Sobre os procedimentos de manipulação dos sons empregados em música concreta serão dadas apenas algumas indicações. Eles permitem atuar sobre o timbre, sobre as durações, sobre as alturas e sobre o que chamaremos de sua direção (quer se dizer com isso que o som pode ser tomado ao contrário e que, nesse caso, um acorde tocado no piano transforma-se num complexo sonoro que sai progressivamente do nada e infla cada vez mais rapidamente até uma espécie de brusca ruptura, de explosão seca que o lança de novo ao seu nada inicial).

No que concerne ao timbre, um procedimento importante reside na supressão dos ataques, o que tem por efeito tornar um som irreconhecível, pois é no momento do ataque que a concentração dos harmônicos, que definem o timbre, desempenham mais eficazmente o seu papel. Um outro meio de extrair de um dado som as mais diversas cores é filtrá-lo eletricamente, o que faz desaparecer dele certas freqüências no registro escolhido.

No campo das alturas e no das durações, o procedimento mais elementar consiste nas variações que se pode aplicar à vontade à velocidade do correr da fita magnética. Mais a velocidade aumenta, mais o som sobe e mais o ritmo se comprime. Os aparelhos utilizados permitem todas as transposições imagináveis de semitom em semitom sobre toda a escala dos sons audíveis. E quando dizemos semitons é por simples hábito. Intervalos muito menores são também realizáveis, com uma precisão matemática e isso põe, entre outras, à disposição de quem o deseje, toda a gama dos intervalos não-temperados.

Pode-se também, graças aos aparelhos postos a funcionar durante vários anos de pesquisa, dissociar o elemento velocidade do elemento altura e, a partir daí, obter-se-á, em qualquer registro, velocidades de desenrolar dos sons que deixam longe atrás delas as atuações dos maiores virtuoses, tanto seguindo as linhas quebradas mais impertinentes, quanto as curvas mais suaves.

Há uma quantidade de outros procedimentos possíveis para operar sobre os sons e colocar, assim, à disposição de um pensamento organizador a matéria-prima rica e largamente diversificada de uma construção equilibrada, de uma obra que tem o direito de se pretender musical.

Os músicos engajados na disciplina da música concreta têm plena consciência deste enobrecimento necessário do elemento sonoro recolhido em estado bruto. É certo que, de início, se pode ser tomado de vertigem... de vertigem e de dúvida diante da enormidade daquilo que é oferecido pela vida cotidiana à escolha do músico concreto. Neste sentido, os compositores de música eletrônica da Escola Alemã corriam um risco bem menor.

Esta coleta de objetos sonoros em que o grupo de pesquisas da O.R.T.F. (Ofício da Rádio e Televisão Francesa) trabalha para estabelecer um imenso catálogo é feita numa espécie de febre. Eis o que escreveu sobre isso Luc Ferrari, um dos principais aventureiros desse trabalho:

"Os corpos sonoros não rendem de forma alguma o que se espera deles. O microfone capta o que há de mais imprevisível. Muitas vezes, perde-se e recomeça-se até que se obtenha um objeto sonoro interessante (. . .) Uma chapa de folha metálica, um abajur, um ventilador, desviados de sua utilização normal dão resultados sonoros insuspeitados.

"Dia a dia saímos à sua procura, feita laboriosamente, e conservamos as etapas de nossa pesquisa no arquivo de registro de sons do Grupo, que revela os progressos de nossa habilidade manipuladora e de nossa imaginação. O objeto bruto (isto é, não transformado eletroacusticamente) é o reflexo da imaginação bruta.

"Esta é a grande coleta. Cada um traz seus sons, classifica-os e os distribui aos diferentes setores em que serão consumidos. O arquivo de registro de sons é o centro de uma estrela. De lá partirão sons nas mais diversas direções. Alguns serão empregados em obras pessoais, pois trazem em si a mão de seu autor, outros serão enviados aos técnicos que se entregarão a dissecações eletrossonoras, outros ainda, ou os mesmos, serão analisados e fichados. Pois somos gente muito séria. Somos capazes de discutir longo tempo em torno de um som. Porque não queremos que ele nos escape, queremos reconhecê-lo em seus menores detalhes, queremos arrancar-lhe seu segredo, comparamo-lo a outros sons que parecem obedecer às mesmas leis. As características comuns são analisadas segundo sua causalidade material (forma do objeto, modo de ataque), segundo sua causalidade acústica (dispositivo de tomada de som, movimentos espaciais), também segundo as anticausalidades: encontramo-nos diante de um som e não queremos conhecer sua proveniência."

Como se pode ver por esta longa citação, a característica dessa pesquisa responde bem ao que se disse dela mais acima [1].

Que valores atribuir à música eletrônica alemã, por um lado, e à música concreta francesa, por outro?

À primeira vista, mas apenas à primeira vista, pode-se ser tentado a dar à Escola de música eletrônica de Colônia mais possibilidade de desembocar num universo sonoro que permaneça em harmonia com o que habitamos até aqui. A fim de instruir esse processo será bom escutar uma obra de Herbert Eimert intitulada *Seleção I*, cuja gravação existe no comércio (66). Esta música foi realizada nos estúdios de Colônia segundo o método alemão, isto é, com sons sintéticos e sinusoidais (sem harmônicos).

Haverá vantagem em escutar também uma obra de música concreta cujo autor é esse mesmo Xenakis do qual estudamos acima a produção livre e as experiências de música estocástica (67).

Tais são as duas tendências rivais.

Os julgamentos são livres. Pode-se dar preferência a uma ou a outra escola. Também é possível achá-las igualmente detestáveis, desde que não se seja muito aberto aos empreendimentos arriscados. Mas não é nosso papel recomendar esta última opção, nem mesmo tê-la como inteiramente legítima.

Uma visão objetiva da questão permite concluir que a música eletrônica alemã, na realidade, está encerrada em estreitos limites. Ela dispõe de um repertório de efeitos bastante surpreendentes mas do qual logo se fez um apanhado geral e, assim, recai numa monotonia que seus próprios adeptos não deixaram de perceber. É por esta razão que a oposição doutrinal que existia, de início, entre música eletrônica e música concreta, em seguida, atenuou-se consideravelmente. Os compositores eletrônicos alemães acolheram cada vez mais em suas montagens sons provenientes do exterior e transformados segundo técnicas vizinhas das nossas.

Já numa obra relativamente antiga (tem mais ou menos dez anos de idade *), assinada por Stockhausen, encontramos os timbres, construídos sinteticamente a partir das oscilações simples de um gerador eletrônico, associados a sons cantados, a partir de pala-

---

1. Ver p. 146

* Este livro foi escrito em 1967. (N. do T.)

vras, por crianças *. Daí o título desta peça: *Gesang der Jünglinge* (O Cântico dos Adolescentes) (68).

perspectivas futuras

No ponto a que chegaram hoje, o que pensar das perspectivas abertas para o futuro pelas músicas eletrônica e concreta? É difícil dar a esta questão uma resposta precisa. Teoricamente, quando se pensa no imenso campo que elas colocam à investigação dos pesquisadores, poder-se-ia ser tentado a esperar delas desenvolvimentos fabulosos. Parece que não deveria haver limites à descoberta e à diferenciação dos timbres novos que podem, doravante, contribuir para construções sonoras de um poder, de uma riqueza, de uma luxúria nunca antes atingidas pela Música. E, contudo, não é de forma alguma isto que nos trazem as obras, ou melhor, os estudos, como prudentemente são denominadas, realizados nestes últimos anos.

Será que o tratamento eletrônico aplicado a estes objetos sonoros, cuja coleção aumenta sem cessar, atua no sentido de uma espécie de nivelamento, de despersonalização? Sempre acontece que este catálogo de efeitos, teoricamente ilimitado, parece reduzir-se na prática a um número relativamente restrito de sonoridades metálicas, de percussões secas, de estridências dolorosas que têm entre si um enorme ar de família e cuja origem mecânica afirma-se com uma espécie de autoridade fria em que o mistério poético não desempenha um grande papel.

Talvez seja preciso ver aí uma crise de crescimento. Estas técnicas, no fundo, estão ainda em seus primeiros balbucios. A grande desvantagem que arrastam atrás de si é também o que faz, em parte, sua razão de ser: a supressão do intermediário humano entre a música criada e o ouvinte. Os contrastes violentos a que se prestam fazem delas poderosos agentes dramáticos, mas de forma alguma meios de expressão eficazes. Podem provocar o espanto, mas de modo nenhum a emoção, o fervor ou a ternura.

Há também alguma coisa segura demais, por demais estabelecida de uma vez por todas, no desenrolar dos acontecimentos musicais que fixaram sobre a fita magnética. Enfim, como se acabou de dizer, a amplificação, a filtragem, os ataques cortados, as rotações com velocidade variável, as transposições de um único timbre ao superagudo ou ao extremo grave, tudo isso, no momento, e apesar do extremo poder da dinâmica, atinge uma certa monocromia, uma impressão de já ouvido que é o contrário do que se espera de uma linguagem tão rica.

É o caso de pensar que estes inconvenientes serão eliminados com o tempo e que o futuro permanece claro para esses pesquisadores que tendem cada vez mais a trabalhar em equipe. Talvez a obra de arte concebida dentro dessa tendência seja amanhã essen-

---

* Trata-se, na verdade, da voz de um único menino-cantor. (N. do T.)

cialmente coletiva. No momento, quando ainda resta muito por fazer, uma questão importante é saber se a música concreta e a música eletrônica são levadas a se desenvolver com toda a independência e em territórios em que a música tradicional não poderia arriscar-se a segui-las ou se, ao contrário, esses dois mundos diferentes não poderiam tentar uma aliança de onde um e outro sairiam enriquecidos e vivificados.

Há muitos músicos para negar esta última possibilidade. Há outros para invocá-la com seus votos. Enfim, há aqueles que, sem mais esperar, a põem resolutamente em prática. É a um deles que pediremos para nos fornecer a conclusão musical deste capítulo.

Este homem é Pierre Henry, que foi nos primeiros tempos o colaborador de Pierre Schaeffer no estúdio de pesquisas da O.R.T.F., e cuja música de cena para *La Reine Verte* (A Rainha Verde) é um bom exemplo de associação das duas tendências (69).

CAPÍTULO 17.

De que será feito o amanhã?

O ciclo está completo. O esforço chega a seu termo. Se algumas vezes foi preciso alguma pertinácia para reduzir a uma expressão clara e direta problemas tão complexos, sistemas tão inextricáveis; se aqueles leitores que consentiram em nos permanecer fiéis mostraram muita constância, e mesmo um pouco de coragem, hoje podemos deixar em repouso essas qualidades.

Não é o caso de se vangloriar de ter convertido os leitores a todas as estéticas expostas aqui. Aliás, não se tentou isso absolutamente, e talvez se tenha notado a ausência total e sistemática, em todo o decorrer destas páginas, de qualquer juízo de valor, de toda opinião pessoal sobre as obras, os estilos e as idéias. O que o autor pode pensar deste ou daquele músico, deste ou daquele aspecto da pesquisa contemporânea, não deve entrar em consideração numa exposição de conjunto que não pertence nem à crítica, nem à musicologia, nem à História.

Pareceu-nos, simplesmente, que a prodigiosa aceleração desta corrida para frente na qual, em todos os campos, nossa época nos engaja, preparava a ruptura entre uma música que se amplia sempre mais e os fiéis que a aceitam em massas cada vez mais compactas, mas que, vendo-a afastar-se deles instalam-se confortavelmente nas velhas moradas que ela lhes abriu. Ora, a Música não é um objeto de museu. Ela deve mover-se, deve viver. E vive de um perigo sempre enfrentado, incessantemente ultrapassado, incessantemente renovado, onde uns sucumbem, onde outros triunfam. Pois ela participa da crueldade da natureza, assim como de sua magnificência.

Na luta das idéias novas, pouco importa saber quem tem razão e quem não tem. Saber-se-á mais tarde... se se souber... e tanto pior! A posteridade não é mais clarividente que os contemporâneos. Falsos valores se salvarão de turbilhões que terão tragado outros bem mais autênticos. O impulso dos jovens dominará talvez talentos em plena força antes mesmo que eles tenham conseguido fazer-se ouvir. Mas o grande rio musical continuará a correr entre suas margens cobertas de palácios e destroços.

Uma civilização como a nossa não pode se desinteressar deste combate, simples aspecto particular do que ela vive em todas as frentes em que progride. O passado só é um capital para o que investe com vistas ao futuro. Pode-se fruir agradavelmente uma grande tradição artística como a de nossa música ocidental. Ela não seria fruída por muito tempo se se pretendesse fechá-la com duas voltas de chave.

Portanto, é preciso olhar a verdade de frente. A verdade é que a Música, em nosso século XX, teve uma evolução fulminante, que sistemas novos derrotaram violentamente a velha técnica tonal, transtornaram todos os nossos hábitos, todas as nossas reações e que, com exceção de um público restrito e excepcionalmente bem informado, uma imensa maioria de melômanos, desconcertada e traumatizada, revolta-se diante de um fenômeno que a ultrapassa, se é que não a ofende.

Ora, o público deve saber que ninguém pensa em zombar dele. O público deve saber que a criação artística é uma coisa séria e mesmo, para muitos criadores, uma coisa trágica. Pode ser que tenha havido, em certos momentos particularmente tensos da vida musical destes últimos anos, uma certa psicose coletiva que levou jovens compositores, dominados por seus nervos, a alguns excessos. Encontrar-se-iam episódios semelhantes em outras épocas. O romantismo não está tão longe de nós.

Mas em sua diversidade talvez um pouco anárquica, em seu dinamismo feroz, em sua exigência de um rigor quase inumano, em sua busca angustiada de uma doutrina e de uma fé novas, o movimento musical contemporâneo é um fato, um fenômeno de importância e de alcance consideráveis. É também um processo irreversível, pois seria inútil acreditar que os músicos que se engajaram nesses caminhos vão ser subitamente tomados de pânico e decidir voltar atrás.

É, portanto, essa situação bem definida, sólida e legitimamente estabelecida, é esta situação perigosa que pareceu útil limpar do que se permitirá chamar a sujeira dos preconceitos e da ignorância. Desde que se fale de música nova, há um preconceito a vencer. Há vários, mesmo. Há o preconceito de sua gratuidade em relação à tradição, de sua falta de base séria. Há o de sua dificuldade de acesso.

Ora, não há, jamais houve solução de continuidade na evolução da Música. As tendências mais avançadas da produção atual são provenientes de uma espécie de lei natural que levou muito progressivamente à desagregação de uma linguagem e, a partir de certo momento, a tentativas diversas, seja de insuflar-lhe uma nova juventude, seja de enriquecê-la com elementos novos, seja de substituí-la por sistemas suficientemente coerentes para se acreditarem aptos a visar à sua sucessão.

Quanto à dificuldade de acesso da música contemporânea, ela existe, certamente, mas aumentada pela opinião e pela imaginação públicas. É preciso substituir à lenda uma realidade razoável, e é a isto que se dedicou este livro.

Resta uma última pergunta que muita gente se faz... e talvez aqueles mesmos que deveriam ser, no futuro, os mais aptos a respondê-la. Para onde vamos? O que vai acontecer? No ponto em que estão as coisas, que caminho vão tomar, em que sentido vai se dar sua evolução? Não surpreenderia ninguém se dissesse que não sei nada sobre isso. Esse é um problema sobre o qual não é proibido pensar, mas pelo prazer da discussão e não por um amor à verdade, a qual não deixaria de sair decepcionada da prova.

Em primeiro lugar, é preciso concordar que o sistema tonal vai mal. A maior parte dos jovens músicos não quer mais ouvir falar dele e é provável que, quanto mais caminhemos, menos veremos a produção musical referir-se a essa linguagem. Isto significa que iremos mergulhar num cromatismo cada vez mais envolvente? Eu acreditaria mais no contrário, e que o cromatismo atingiu seu limite máximo nos anos 50.

Alguns músicos, entre os mais recentes, parecem orientar-se para um sistema de escrita em que entrariam em combinação, ou até em competição, complexos mais ou menos diatônicos, criando em redor deles o que eles chamam de zonas de pregnância. Crê-se compreender que entendem por isso zonas abertas a uma certa proliferação, coloridas por seu diatonismo e capazes de reações diversas ao contato das zonas vizinhas.

Isto ainda permanece um pouco vago e será necessário esperar realizações concretas para julgá-lo. É certo, entretanto, que o sistema serial parece ter tido seu tempo e que desaparece com ele uma estética pontilhista que, não mais na Música do que na Pintura, não tinha a menor possibilidade de durar muito tempo. Desaparecido o pontilhismo, provavelmente ver-se-á voltar uma escrita muito mais linear. Isto significa que a continuidade do discurso retomará seus direitos, mas não significa de forma alguma dizer que se verá reaparecer o equilíbrio tonal de outrora. É preciso não esperar absolutamente um retorno das fórmulas harmônicas catalogadas e hierarquizadas.

Da passagem que a Música fez pela tendência serial já não restam regras, nem mesmo uma ética como a que prevaleceu e que era bastante feroz, mas um estilo, que se abrandará, se humanizará, se individualizará através dos diferentes temperamentos. As combinações de timbres continuarão talvez, a ter um lugar preponderante na pesquisa dos compositores, mas não está excluído que se chegue, num prazo mais ou menos curto, a uma forma de saturação. Em todo caso, é o que arrisca colocar rapidamente a Escola Polonesa num impasse pois, cada vez mais, as obras nascidas nesse país tendem a reduzir-se a um catálogo de efeitos sonoros do qual não se tardará a atingir os limites.

Isto posto, e qualquer que seja a reação do público, qualquer hábito que ele possa adquirir mais ou menos rapidamente destas novas maneiras de pensar a Música, é bem evidente que em nenhum caso, em nenhuma época imaginável no futuro, ele renunciará, por amor à vanguarda, a ouvir três vezes por ano a *Nona Sinfonia* ou a *Cavalgada das Valquírias*. Então não haverá, não haverá jamais esta substituição de uma linguagem por outra com que insensatamente sonharam, depois da Segunda Guerra, alguns teóricos do dodecafonismo.

Se hoje é certo que uma música rigorosamente atonal é possível, tolerável, assimilável por todos os públicos, não é menos verdade que esses mesmos públicos conservarão toda a sua fidelidade, talvez mesmo a sua predileção, para a música clássica, e a concessão mais extrema que se pode esperar deles é que consintam em passar de uma a outra, conseguindo fazê-lo sem esforço demasiado.

A partir daí, uma questão se coloca. Se se chega a admitir como uma coisa natural que dois universos sonoros, profundamente diferentes, vivam em bom entendimento e que essa coexistência apareça um dia como uma coisa adquirida e tornada costume, é que o caráter subversivo de um em relação ao outro terá praticamente desaparecido. Terá desaparecido tanto para os consumidores de música como para os produtores, e não se vê mais nesse momento que razão válida, que respeito humano, que preocupação de conformismo, poderiam impor a um músico a escolha de um dentre esses dois modos de expressão, se é neste último que ele se sente mais à vontade. É então que ganharia todo seu sentido a palavra de Schoenberg dizendo nos últimos anos de sua vida, que "ainda havia muito a dizer em *dó maior*".

Poder-se-ia parafrasear dizendo que em *dó maior* talvez não haja mais nada a *descobrir,* mas que resta muito a *dizer*. Pois aquele que faz apenas da pesquisa a razão de ser de sua atividade criadora está condenando, certamente, a explorar incessantemente técnicas novas, e a do sistema tonal já não é adequada para esse uso. Mas aquele que tem, antes de tudo, um pensamento a exprimir (e um pensamento, um estilo podem ser e permanecer absolutamente pessoais em não importa que linguagem), este escolherá seu meio de expressão segundo aquilo que lhe convier melhor e não será por isso nem mais nem menos "avançado".

É disto que não se dá conta a maioria dos compositores atuais, já que estão possuídos pelo que o General de Gaulle chamaria "agitação" e mal se resignam a não fazer voar a Música em cacos cada vez que se inclinam sobre seu papel pautado. Esse estado de espírito passa-lhes com a idade, perpetuando-se nas gerações que virão.

De modo que as conjeturas que se acaba de fazer são provavelmente falsas, na medida em que postulam uma espécie de estado de estabilidade, de equilíbrio que, ainda que fosse realizado por um instante (talvez se estivesse bastante próximo dele), não duraria muito tempo. Pois daqui a vinte anos, Pierre Boulez e seus companheiros serão tratados de "empolados" pelos jovens que chegarão a essa adolescência espalhafatosa com que eles próprios tão energicamente conduziram o assalto nestes últimos quinze anos.

Estes jovens, em vinte anos e talvez bem antes de vinte anos, brandirão por sua vez doutrinas estrondosas e ordens imperativas. O que trarão nas cartucheiras esses combatentes do ano 1990? Música tonal e musica atonal lhes parecerão igualmente caducas... esta talvez ainda mais que aquela, porque será a seus olhos música velha e não ainda música antiga (os antiquários conhecem bem esta distinção que é a chave de seu comércio).

Talvez até a música atonal, proveniente do dodecafonismo e da técnica serial, ainda que se libertasse inteiramente destas tendências, como será o caso, chegue a lhes parecer o primeiro adversário a abater, na medida em que esta linguagem terá mergulhado ainda mais a Música nas regras do temperamento. E quem sabe se a evasão da gama temperada não aparecerá daqui a pouco como a única saída para um dinamismo reformador que os métodos e os hábitos de pensamento nascidos da manipulação da série poderiam muito bem ter encerrado num círculo vicioso?

Mas como, na prática, fugir do sistema temperado? Isto exigiria toda uma educação do ouvido nos diferentes níveis ou, se se prefere, nas diferentes etapas que uma obra musical dever percorrer para realizar seu destino: etapa da criação, a da execução, a da transmissão ao público. Todos nós temos — e até os melhores músicos dentre nós — o ouvido falso. Como nos habituar a ouvir, com toda a precisão desejável, os intervalos justos que o temperamento baniu de nossa Música há mais de dois séculos? Como formar músicos capazes de nos fazer ouvi-los, instrumentos em que se possa encontrá-los com segurança?

Talvez haja aí uma possibilidade para a música eletrônica desembocar em horizontes mais novos que os por ela revelados até aqui; pois um som realizado sinteticamente e gravado numa fita magnética, sem o recurso do homem nem do instrumento, pode atingir facilmente essa precisão absoluta, quase um coma, que permitiria a edificação e a colocação em uso de novas escalas. Não há nada nisto de teoricamente impossível, já que estas escalas reencontrariam pura e simplesmente aquelas de que se servem todos os dias, há milênios, os músicos da China, da Índia ou de outros países do Oriente.

Como quer que seja, de uma maneira ou de outra, se a Música deve continuar a viver nas civilizações do futuro, será segundo caminhos imprevisíveis hoje. Todas as hipóteses são permitidas, incluindo a de uma civilização em que a ascensão irresistível do conhecimento científico exilaria o sonho e a poesia num mundo sem mistérios e tornaria, então, a Arte, e a Música entre outras, perfeitamente inútil.

Sombria hipótese, que nos arrependeríamos de dar como conclusão desta obra se víssemos nela outra coisa que não uma visão do espírito e se não estivéssemos convencidos de que a Ciência jamais esvaziará o mundo de seus mistérios e de que restarão sempre espaços infinitos abertos à imaginação do homem.

Discografia

1. Bach, *O Cravo bem Temperado*, Edwin Fischer (V.S.M., COLH 46-50).
2. Wagner, *O Ouro do Reno* (integral), Kirsten Flagstad, Orq. Filarmônica de Viena, Reg. Solti (Decca, LXT 5495-5497).
3. Mozart, *As Bodas de Fígaro*, Maria Stader, Fischer Dieskau, Orq. rádio sinf. Berlim, Reg. Fricsay (D.G.G., 138697 a 699).
4. Ravel, *Bolero*, Orq. Sinf. de Boston, Reg. Ch. Münch (R.C.A., 635004).
5. Franck, *Sonata para piano e violino*, Daniel Wayenberg, Théo. Olof (Iramac, 6505) ou Isaac Stern, Alexander Zakin (C.B.S., 72454).
6. Ravel, *Daphnis et Chloé*, Société des Concerts, Reg. Cluytens (Columbia, FCX 934).
7. Bizet, *A Arlesiana* (2 suítes), Société des Concerts, Reg. Cluytens (Columbia, FCX 1000).
8. Ravel, *L'Enfant et les Sortilèges*, Orq. O.R.T.F., Reg. Lorin Maazel (D.G.G., 138675).
9. Wagner, *Tristão e Isolda*, Birgit Nillson, Fritz Uhl, Orq. Fil. de Viena, Reg. Solti (Decca, MET 204-208).
10. Berlioz, *Requiem*, Orq. Sinf. de Boston, Reg. Ch. Münch (R.C.A., 630550-51).
11. Berlioz, *A Infância de Cristo*, Hélène Bouvier, J. Giraudeau, Société des Concerts, Reg. Cluytens (P.L.M., 35018-019).
12. Beethoven, *Décimo-quinto Quarteto*, Quarteto Amadeus (D.G., 138900).
13. Debussy, *Festas*, Orq. Sinf. de Boston, Reg. Ch. Münch (R.C.A., 635005).
14. Debussy, *Prelúdios*, Jacques Février (Vega, A 334-335).
15. Ravel, *Ma Mère l'Oye*, Société des Concerts, Reg. Cluytens (Columbia, FCX 933).
16. Stravinsky, *O Rouxinol*, Orq. Nacional O.R.T.F., Reg. Cluytens (Columbia, FCX 439 A).

17. Stravinsky, *O Pássaro de Fogo,* Orq. Sinf. Columbia, Reg. do autor (C.B.S., 72046).
18. Stravinsky, *Petruchka,* Orq. Sinf. Columbia, Reg. do autor (C.B.S., 72055).
19. Stravinsky, *A Sagração da Primavera,* Orq. Sinf. Columbia, Dir. do autor (C.B.S., 72054).
20. Stravinsky, *Oedipus Rex,* Orq. Colônia, por Jean Cocteau, Reg. do autor (Philips, A 1137) ou Orq. Fil., por Jean Marais, Reg. Colin Davis (V.S.M., Falp 762).
21. Stravinsky, *Apollon Musagète,* Orq. Sinf. Columbia, Reg. do autor (Columbia, ML 6046).
22. Stravinsky, *Pulcinella,* Suíte de orquestra, Orq. Filarmônica, Reg. Klemperer (Columbia, FCX 1054) ou Integral, Reg. do autor (C.B.S., 72452).
23. Stravinsky, *Mavra,* Orq. Suíça românica, Reg. Ansermet (Decca, LXT 6171).
24. Stravinsky, *As Bodas,* Reg. do autor (C.B.S., 72071).
25. Stravinsky, *Sinfonia dos Salmos,* Coro Festival de Toronto, Reg. do autor (C.B.S., 72181).
26. Stravinsky, *A História do Soldado,* Orq. Sinf. Columbia, Reg. do autor (C.B.S., 72007).
27. Milhaud, *Saudades do Brasil,* Jacques Février (Ducretet, Duc. 505).
28. Prokofiev, *Segunda Sinfonia,* Orq. Nac. O.R.T.F., Reg. Ch. Bruck (Columbia, FCX 629). Esgotado, não havendo outra gravação.
29. Bartok, *Música para cordas, percussão e celesta,* Orq. Sinf. de Londres, Reg. Solti (Decca, LXT 6111).
30. Bartok, *Sonata para dois pianos e percussão,* Robert e Gaby Casadessus (C.B.S., BRG 72233).
31. Messiaen, *Quarteto para o fim dos tempos,* Huguette Fernandez, G. Deplus, J. Neilz, M. M. Petit (Erato, LDE 3256).
32. Messiaen, *Pássaros Exóticos,* Yvonne Loriod, Reg. Rudolf Albert (Vega, A 65).
33. Messiaen, *Visões do Amen,* Yvonne Loriod e o autor (Vega, A 368).
34. Messiaen, *Festa das belas águas,* Sextuor ondes Martenot, Sol. Jeanne Loriod (Erato, LDE 3202).
35. Schönberg, *Gurrelieder,* Inge Borkh, Herta Töpper, Orq. Rádio bávara, Reg. Kubelik (D.G.G., 138984-85).
36. Schönberg, *Sinfonia de câmara, opus 9,* Reg. Boulez (Adès, LA 579).

37. Bach, *A Arte da Fuga*, Orq. de câmara de Stuttgart, Reg. Munchinger (Decca, MET, 303-304).
38. Schönberg, *Cinco peças para orquestra, opus 16*. Reg. Dorati (Philips 4909).
39. Berg, *Kammer Koncert, piano, violino, 15 instrumentos de sopro*, P. Barbizet, Chr. Ferras, Reg. G. Prêtre (V.S.M., Falp 795).
40. Webern, *Seis peças para orquestra, opus 6*, Orq. Sudwestfunk, Reg. Rosbaud (Vega, A 154).
41. Schönberg, *Pierrô Lunar*, Helga Pilarczyk, Reg. Boulez (Adès, LA 524).
42. Schönberg, *Variações para orquestra, opus 31*, Reg. Robert Craft (C.B.S., 72268).
43. Berg, *Wozzeck*, Walt. Berry, Isabelle Strauss, Orq., Coros Ópera de Paris, Reg. Boulez (C.B.S., 72509-510).
44. Berg, *Suíte Lírica*, Quatuor Parrenin (Vega, A 360).
45. Berg, *Lulu* (extratos), Helga Pilarczyk, Orq. Sinf. de Londres, Reg. Dorati (Mercury, 120501).
46. Berg, *Concerto para violino*, Isaac Stern, Orq. Fil. de Nova York, Reg. Bernstein (C.B.S., 72070).
47. Webern, *Variações para piano, opus 27*, Yvonne Loriod (Vega, A 309).
48. Webern, *Variações para orquestra, opus 30, Das Augenlicht, opus 26, Cantata n. 2, opus 31*, Marni Nixon, Ch. Scharbach, Reg. Craft (Columbia, KL 5020).
49. Weill, *Mahagonny* (integral), Lotte Lenya (Columbia, E.U.A., K 3L 243); Extratos (C.B.S., 62318).
50. Prokofiev, *Sinfonia Clássica*, Orq. Filadélfia, Reg. Ormandy (C.B.S., 75185).
51. Prokofiev, *Romeu e Julieta*, Orq. Bolchói de Moscou, Reg. Rojdestvenski (Chant du Monde, LDX 8296 a 98).
52. Varèse, *Poema Eletrônico* (Philips, A 1494).
53. Varèse, *Integrais*, Reg. Boulez (Vega, A 271).
54. *Música da Tailândia* (B.A.M., LD 388).
55. Jolivet, *Mana*, Françoise Gobet (Vega, A 88, esgotado).
56. Jolivet, *Suíte Délfica, Epitalâmio* (conjunto), Reg. do autor (Columbia, FCX 639).
57. Boulez, *Segunda Sonata*, Yvonne Loriod (Vega, A 309).
58. Boulez, *Soleil des eaux*, solistas e Orq. B.B.C., Reg. do autor (V.S.M., Falp 378).
59. Boulez, *Le Marteau sans maître*, Jeanne Deroubaix, Reg. do autor (Adès, 581).
60. Xenakis, *Pithoprakta*, Orq. Nacional O.R.T.F., Reg. Leroux (Chant du Monde, LDX 8368).

61. Xenakis, *Eonta, Metastasis,* Orq. Nacional O.R.T.F., Reg. Simonovic (mesmo disco).
62. Baird, *Variações sem tema,* Orq. Fil. de Varsóvia, Reg. W. Rowicki (Philips, A 2388).
63. Lutoslavsky, *Música fúnebre, Jogos venezianos,* Orq. Sinf. de Varsóvia, Reg. Rowicki (Philips, A 2434).
64. Penderecki, *Elegia às vítimas de Hiroshima,* Orq. Fil. de Varsóvia, Reg. Rowicki (Philips, A 2383).
65. Berio, *Homenagem a Joyce* (Philips, A 565).
66. Eimert, *Seleção I,* Reg. Henry (Philips, A 566).
67. Xenakis, *Oriente-Ocidente* (Philips, mesmo disco).
68. Stockhausen, *Gesang der Jünglingen* (D.G.G., LP 16133).
69. Henry, *A Rainha Verde* (Unidisc, UD30 137M).

COLEÇÃO SIGNOS MÚSICA

Para Compreender as Músicas de Hoje	H. Barraud	[SM01]
Beethoven: Proprietário de um Cérebro	Willy Corrêa de Oliveira	[SM02]
Schoenberg	René Leibowitz	[SM03]
Apontamentos de Aprendiz	Pierre Boulez	[SM04]
Música de Invenção	Augusto de Campos	[SM05]
Música de Cena	Livio Tragtenberg	[SM06]
A Música Clássica da Índia	Alberto Marsicano	[SM07]
Shostakóvitch: Vida, Música, Tempo	Lauro Machado Coelho	[SM08]
O Pensamento Musical de Nietzsche	Fernando de Moraes Barros	[SM09]
Walter Smetak: O Alquimista dos Sons	Marco Scarassatti	[SM10]
Música e Mediação Tecnológica	Fernando Iazzetta	[SM11]
Música Grega	Théodor Reinach	[SM12]
Estética da Sonoridade	Didier Guigue	[SM13]
O Ofício do Compositor Hoje	Livio Tragtenberg (org.)	[SM14]

Este livro foi impresso na cidade de São Paulo,
nas oficinas da Editora e Gráfica Vida e Consciência, em setembro de 2012,
para a Editora Perspectiva.